Une année d'ISN avec Java'S Cool

CRÉATIONS NUMÉRIQUES

Une année d'ISN avec Java'S Cool

T^{le} S

Mickaël Barraud

Professeur au lycée Jean de Lattre de Tassigny
à La Roche-sur-Yon

ellipses

Collection CRÉATIONS NUMÉRIQUES
dirigée par Vincent Maille
http://creations-numeriques.fr/

Apprendre la programmation par le jeu – À la découverte du langage Python 3, 2e édition, Vincent Maille, 2015

Les robots – Apprendre la robotique par l'exemple, Vincent Maille, Cyprien Accard, Bruno Breton, 2016

Apprendre à programmer avec Scratch - Jeux et applications mathématiques, Julien Jacquet, 2017

Apprendre le développement Web au lycée - avec les langages HTML5, CSS3, JavaScript, PHP et MySQL - ICN et ISN, Cyprien Accard, 2018

Et aussi

Python. Les bases de l'algorithmique et de la programmation, Vincent Maille, 2015

ISBN 9782340-024748

32, rue Bargue 75740 Paris cedex 15

www.editions-ellipses.fr

Avant-propos

Le programme de la spécialité I.S.N. (Informatique et Science du Numérique) est très ambitieux. Une grande partie des connaissances à apprivoiser, durant les deux heures hebdomadaires allouées à ce travail, tourne autour d'algorithmes et de leur programmation.

La première partie de cet ouvrage consiste en la succession de travaux dirigés. Le but est de balayer l'ensemble des algorithmes à connaître et de préciser leur programmation à l'aide de Java's Cool (basé sur le langage Java). Des notions sur les réseaux sont également abordées.

La finalité de cette année d'I.S.N. est le développement d'un projet, par groupe de deux ou trois personnes. L'évaluation finale, pour le Baccalauréat, porte sur la soutenance de ce projet. C'est la partie la plus riche de l'année, chacun étant libre du choix de son sujet. Ce choix peut, par ailleurs, être délicat, soit par manque d'idées originales, soit par mésestimation des difficultés liées aux sujet choisi.

La seconde partie de cet ouvrage propose des mini-projets, ou projets d'entraînement. Ils ont été choisis pour leur diversité, afin de permettre d'ouvrir un maximum de choix, mais également pour les différentes difficultés qu'ils lèvent. Ainsi ces mini-projets permettent souvent de préparer le terrain au réel projet de fin d'année.

La dernière partie de cet ouvrage explicite les attendus de la soutenance et propose quelques morceaux de programmes prêt-à-l'emploi, afin de faciliter la mise en route des projets.

Tous les exercices et mini-projets proposés sont corrigés et disponibles sur le site :

http ://www.creations-numeriques.fr/

Table des matières

Première partie

Travaux dirigés

Introduction

Le but de cette partie est de parcourir les connaissances de base de programmation avec Java's Cool dans le cadre du programme officiel de la spécialité ISN au Baccalauréat.

Les structures algorithmiques du programme de mathématiques sont supposées connues et on s'attarde, dans les deux premiers TD, sur leur programmation avec Java's Cool : Entrée/Sortie, utilisation des variables, des instructions conditionnelles, des boucles, ainsi que la notion de fonction.

Les cinq TD suivants introduisent des structures de données *a priori* nouvelles pour les élèves : les tableaux, les caractères et leurs chaînes, les nombres binaires ainsi que les images matricielles. (Un TD supplémentaire s'attarde sur des animations possibles de ces textes et images, utiles lors de la conception des projets.)

Les deux derniers TD présentent des algorithmes du programme officiel : tri et recherche dans un tableau d'une part et une initiation à la programmation réseau d'autre part.

Des exercices d'entraînement, avec leurs solutions, sont proposés, pour chaque notion, en fin de TD. Ces solutions sont par ailleurs disponibles sur le site de la collection du livre. Il suffit de taper le numéro de l'exercice ou le CODE qui sera présent dans le livre sur fond gris.

Travaux dirigés (A)
Prise en main de Java's Cool

Le logiciel est disponible à l'adresse : http ://javascool.gforge.inria.fr/

Il fournit des boîtes à outils nommées « proglets » simplifiant (à but pédagogique) la programmation Java.

Pour les bases de l'algorithmique, nous utiliserons : *abcdAlgo*

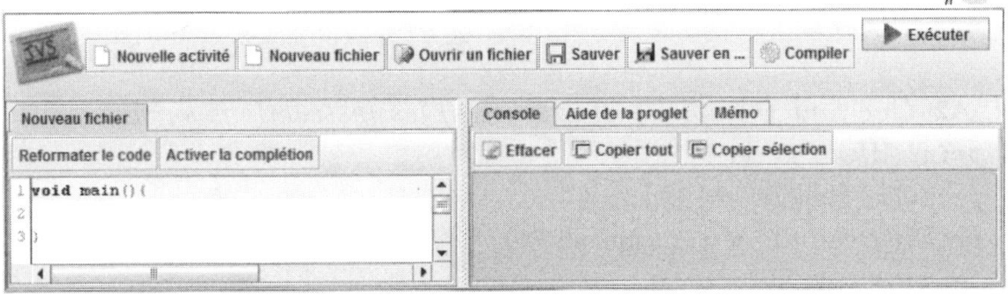

1 - Un langage à compiler

Le langage de programmation java (et donc Java's Cool) ne peut pas être *interprété* par la machine. Il doit être *compilé*, c'est-à-dire traduit dans un langage numérique compréhensible par le système qui va l'utiliser. Pour ce langage il s'agit de la machine virtuel Java. Elle doit donc elle-même être installée et à jour. (Ce qui est le cas en général sur nombre de machines modernes.)

Tout programme en Java's Cool doit contenir les lignes déjà écrites dans la fenêtre de gauche (illustration ci-dessus) :

```
void main () {
}
```

Ex. A1 *Sauvegarder et compiler ce programme. Un message s'affiche dans la console (à droite) et un bouton apparait pour l'exécuter.*

Cela code la partie « principale » du programme. Les accolades { } définissent un *bloc* (indispensable), dans lequel écrire des instructions (terminées par un point-virgule), qui seront exécutées de manière itérative.

Pour écrire des *commentaires* (non interprétés), on utilise les symboles // ou /* */.

```
/*  Des commentaires
    sur plusieurs lignes */
void main () {
  // Une ligne de commentaires.
}
```

2 - Les premières instructions

Instructions de sortie

Une instruction de sortie est une instruction qui a pour but de transmettre une information vers l'extérieur : un écran, une imprimante, un fichier, un autre ordinateur...

Ex. A2 *Que font (compilées et exécutées) les instructions suivantes ?*

```
print("Hello world !");
println("Hello world !");
print("Heu... Il y a quelqu'un ?");
```

Instructions d'entrée

Une *instruction d'entrée* est une instruction qui a pour but de récupérer une information de l'extérieur : un clavier, une souris, un fichier, un autre ordinateur...

Ex. A3 *Que font (compilées et exécutées) les instructions suivantes ?*

```
readString("Un mot à dire ?");
readInteger("Choisissez un entier.");
readDouble("Choisissez un nombre.");
```

3 - Les variables

Pour que les informations soient utilisables, il faut que la machine puisse s'en souvenir. Pour cela on utilise des *variables.*

Variable

Une *variable* est une place identifiée en mémoire vive :

Déclarer une variable, c'est réserver sa place en mémoire en spécifiant son *type* et en précisant son nom.

Affecter une valeur à une variable, c'est lui attribuer cette valeur (écriture en mémoire).

On accède à la valeur d'une variable en l'appelant par son nom.

```
// On déclare << nombre >> comme un entier.
int nombre;
// et << texte >> comme une chaîne de caractères.
String texte;
// Instructions d'entrées et d'affectations.
nombre = readInteger("Un entier ?");
texte = readString("Une phrase ?");
// Instructions de sortie.
println(texte);
print(nombre);
```

Ex. A4 *En s'inspirant du programme ci-dessus (à tester !), en écrire un qui demande votre nom et vous salue en utilisant votre nom.*

On peut déclarer une variable de plusieurs façons.

⋆ Par un type primitif.
(Privilégier **int** pour des entiers et **double** pour des réels.)

Type	Signification	Taille	Plage de valeurs acceptées
char	Caractère unicode	16 bits	'\u0000' à '\uFFFF'
byte	Entier très court	8 bits	-128 à +127
short	Entier court	16 bits	-32768 à +32767
int	Entier	32 bits	-2^{31} à $+2^{31}-1$
long	Entier long	64 bits	-2^{63} à $+2^{63}-1$
float	Nombre réel simple	32 bits	Sgn/Exp/Mant : 1/8/23
double	Nombre réel double	64 bits	Sgn/Exp/Mant : 1/11/52
boolean	Valeur logique	8 bits	true (vrai) ou false (faux)

Sgn = Signe / Exp = Exposant / Mant = Mantisse

⋆ Comme instance d'une classe.
On verra plus tard ce que cela signifie, mais c'est le cas par exemple des chaines de caractères : `String`

⋆ Par un tableau : `int []` ou `String []` ...

On peut être amené à vouloir changer le type d'une donnée au cours d'un algorithme. Par exemple, obtenir le réel égale à la division de deux entiers. On procède alors à un *cast* (quand les types sont compatibles) en précisant le nouveau type entre parenthèse devant la donnée.

```
int a=1;  // On peut déclarer et initialiser une variable
          // en une seule instruction
println( a /2);          // Affiche 0 (division euclidienne)
println( (double)a /2);  // Affiche 0.5 (divisions entre réels)
```

4 - Les instructions conditionnelles

L'instruction `if`

```
if (condition) { instructions; }
```

Les instructions ne seront exécutées que *si* une certaine condition est vérifiée. Elle peut éventuellement être suivie de :

```
else { instructions; }
```

Ces dernières instructions étant exécutées dans le cas contraire.

La condition peut être obtenue en écrivant :

une comparaison sur les types numériques					
`<`	`>`	`<=`	`>=`	`==`	`!=`
Inférieur strict	Supérieur strict	Inférieur ou égal	Supérieur ou égal	Égal	Différent

une comparaison de deux chaines de caractère
`"chaine1".equals("chaine2")`

des opérations sur les types booléens		
`||`	`&&`	`!`
OU	ET	NON

Exemple : Perdu si le score est nul.

```
int score = 0;
if (score==0) {
  println("Perdu");
} else {
  println("Votre score : "+score);
}
```

Ex. A5 *Écrire un programme qui vous demande votre âge et vous dit si vous êtes majeur ou non.*

→ *Le modifier pour qu'il précise également si vous avez plus de 21 ans.*

Attention à la ponctuations de rigueur :

- ⋆ Le point-virgule « ; » termine chaque instruction « complète ».
- ⋆ L'instruction `if` donne une condition pour l'exécution d'une instruction, mais n'est pas elle-même « complète » : pas de point-virgule après la condition.

  `if (gagne) print("Bravo");` est une instruction complète.
- ⋆ Les accolades `{ }` permettent de factoriser la condition sur un bloc de plusieurs instructions. On ne rajoute pas de point-virgule après une accolade fermante.

L'instruction `switch`

```
switch (expression_de_type_int) {
  case valeur1 : instruction1; break;
  case valeur2 : instruction2; break;
  ...
  default : instruction_par_defaut;
}
```

Si `expression_de_type_int==valeur1` on exécute `instruction1`.
De même avec la `valeur2` et les suivantes.
Finalement l'`instruction_par_defaut` est exécutée.
L'instruction **`break`** permet de terminer l'exécution du **`switch`**.

Exemple : Changement de joueur.

```
int joueur = 1;
switch (joueur) {
  case 1 : joueur = 2; break;
  case 2 : joueur = 1; break;
  default : joueur = 1;
}
```

Quelques précisions :

- ⋆ Après la première comparaison, la variable `joueur` passe à 2.
  Sans le **`break`** l'instruction suivante serait exécutée et `joueur` repasserait à 1...
- ⋆ L'instruction par défaut n'est pas obligatoire.
  (on peut se passer de la dernière ligne du bloc).
- ⋆ L'écriture d'un bloc est obligatoire : ne pas oublier les accolades { }.
- ⋆ L'« `expression_de_type_int` » peut être d'un type « convertible » en **`int`** (supportant un cast sans perte) : **`char`**, **`byte`**, **`short`** mais pas **`long`** par exemple. Dans les versions récentes de java, on peut également utiliser une expression de type `String`.

Ex. A6 *Écrire un programme qui demande un entier et qui l'écrit en toutes lettres si c'est un chiffre ou qui écrit « ce n'est pas un chiffre ».*

- Exercices d'entraînement

Ex. A7 $IMC = \dfrac{poids\ (en\ kg)}{(taille\ (en\ m))^2}$

L'Organisation Mondiale de la Santé (OMS) fournit cette définition de l'Indice de Masse Corporel (IMC) et donne une interprétation (classification) en fonction de la valeur obtenue. Par exemple la « corpulence normale » est située entre 18,50 et 24,99.

On a commencé à écrire un programme calculant l'IMC d'une personne :

```
void main() {
    int poids;
    double taille;
    println("Quel est ton poids ?");
    poids = readInteger();
    println("Quelle est ta taille ?");
    taille = readDouble();
    // ...
    println("Ton indice de masse corporelle est donc : " + imc);
}
```

1. *Pourquoi a-t-on choisit* `int` *pour le poids et* `double` *pour la taille ?*
2. *Quel type choisir pour l'IMC ?*
3. *Compléter le programme proposé pour qu'il fonctionne.*
4. *Compléter de nouveau ce programme pour qu'il indique si la corpulence est normale.*

Ex. A8 *Détection de collisions*

On considère deux cercles de rayon 2. Écrire un programme qui demande les coordonnées des centres des deux cercles et détermine s'ils se touchent ou non.

Ex. A9 *Contrôle des réponses*

Écrire un programme qui pose une question, propose trois réponses, attend une réponse de l'utilisateur (1, 2 ou 3) et renvoie

- ⋆ *une félicitation si c'est la bonne réponse ;*
- ⋆ *une moquerie si c'est une mauvaise réponse ;*
- ⋆ *un message d'erreur si l'utilisateur répond autre chose que 1, 2 ou 3.*

Ex. A10 *Le plus grand*

Écrire un programme qui demande trois nombres à l'utilisateur et lui renvoie le plus grand des trois.

- Solutions des exercices

Retour sur l'exercice A1

Il ne se passe rien ?

C'est bien normal : notre bloc d'instructions `{ }` est vide !

Mais ça se passe sans erreur.

Retour sur l'exercice A2

`print("Hello world !");`

→ Affiche la *chaîne de caractères* "Hello world !" dans la console.

`println("Hello world !");`

→ Même résultat mais finit par un retour à la ligne.

`print("Heu... Il y a quelqu'un ?");`

→ Un dernier affichage pour bien voir le retour à la ligne du précédent.

Retour sur l'exercice A3

`readString("Un mot à dire ?");`

→ Demande une chaîne de caractères (`String`) à l'utilisateur.

`readInteger("Choisissez un entier.");`

→ Demande un entier (`int`) à l'utilisateur.

`readDouble("Choisissez un nombre.");`

→ Demande un réel (`double`) à l'utilisateur.

Remarque : Ces instructions contiennent une majuscule. Le langage Java distingue les majuscule des minuscules. On dit qu'il est sensible à la casse. Écrire `readstring` au lieu de `readString` provoquera une erreur.

Retour sur l'exercice A4

```
// << nom >> est une chaîne de caractères :
String nom;
// Demande à l'utilisateur et affectation :
nom = readString("Quel est votre nom ?");
// Sortie :
print("Bonjour ");
print(nom);
println('!');
```

En utilisant la concaténation des chaînes, on peut condenser l'écriture des trois dernières lignes par :

```
print("Bonjour "+nom+'!');
```

Retour sur l'exercice A5

```
// << age >> est un entier :
int age;
// Demande à l'utilisateur et affectation :
age = readInteger("Quel est votre âge ?");
// Traitement :
print("Vous êtes ");
if (age<16) print("mineur");
else print("majeur");
println('.');
```

On peut remplacer par la ligne `else print("majeur");` par :

```
else {
  print("majeur");
  if (age>=21) print(" et avez plus de 21 ans");
  }
```

Retour sur l'exercice A6

```
int nombre = readInteger("Entrer un entier : ");
switch (nombre) {
  case 0 : print("zéro"); break;
  case 1 : print("un"); break;
  case 2 : print("deux"); break;
  case 3 : print("trois"); break;
  case 4 : print("quatre"); break;
  case 5 : print("cinq"); break;
  case 6 : print("six"); break;
  case 7 : print("sept"); break;
  case 8 : print("huit"); break;
  case 9 : print("neuf"); break;
  default : print("Ce n'est pas un chiffre.");
}
```

Dans cet exemple, les `break;` ne sont pas indispensables. Mais cela peut être une bonne habitude de les écrire, tant qu'on ne veux qu'un seul cas valide.

Retour sur l'exercice A7 IMC

1. On a choisi `int` pour le poids car on le donne généralement avec des nombres entiers et `double` pour la taille car on donne, de la taille, une précision au centimètre près donc un nombre décimal de mètres.
2. Vu l'exemple donné à une précision de deux chiffres décimaux, on utilisera aussi un `double`.
3. Il suffit de remplacer la ligne de commentaires par :

```
  double imc = poids/(taille*taille);
```

Il n'existe pas de notation opératoire pour les puissances comme taille^2, mais on peut utiliser la fonction `pow()` de Java's Cool.

```
double imc = poids/pow(taille ,2);
```

4. On peut rajouter à la fin du `main` :

```
print("D'après l'OMS, votre corpulence");
if ((18.50<=imc) && (imc<=24.99))
  print(" est ");
else
  print(" n'est pas ");
println("<< normale >>");
```

Retour sur l'exercice A8 Détection de collisions

Le nombre 2, donné par l'énoncé est une constante de notre problème. Mais c'est en même temps un paramètre subjectif qui pourrait être différent si on devait réutiliser l'algorithme dans une autre situation.

On souhaite donc affecter ce nombre à une variable pour pouvoir le modifier sans passer en revu tout l'algorithme, tout en précisant que c'est une constante.

- ⋆ Pour le compilateur : on utilise le mot clef `final`.
- ⋆ Pour le programmeur (convention) : on l'écrit en majuscules.

```
void main() {
  final double RAYON = 2;
  double c1x = readDouble("Abscisse du premier centre");
  double c1y = readDouble("Ordonnée du premier centre");
  double c2x = readDouble("Abscisse du second centre");
  double c2y = readDouble("Ordonnée du second centre");
  double distanceCarrée = pow(c2x-c1x,2)+pow(c2y-c1y,2);
  if (distanceCarrée<=pow(RAYON,2))
    println("Il y a collision");
  else
    println("Il y a de la marge");
}
```

Retour sur l'exercice A9 Contrôle des réponses

```
void main() {
  println("Compléter la suite logique : 0 - 1 - 10 - 11 - ...");
  println("Réponse 1 : 100");
  println("Réponse 2 : 101");
  println("Réponse 3 : 110");
  int reponse = readInteger("Réponse numéro ");
  switch (reponse) {
    case 1 : print("Bonne réponse !"); break;
    case 2 : print("A 1 près... C'est perdu !"); break;
    case 3 : print("On ne peut pas compter sur toi !"); break;
    default : print("Erreur : il fallait taper 1, 2 ou 3.");
  }
}
```

Retour sur l'exercice A10 Le plus grand

Le principe retenu ici est de choisir une nouvelle variable pour le résultat souhaité de l'algorithme et de balayer toutes les valeurs proposées en ne retenant que la plus grand à chaque fois :

```
void main() {
  int nombre1 = readInteger();
  int nombre2 = readInteger();
  int nombre3 = readInteger();
  int lePlusGrand = nombre1;
  if (lePlusGrand<nombre2) lePlusGrand = nombre2;
  if (lePlusGrand<nombre3) lePlusGrand = nombre3;
  println("Le plus grand est : "+lePlusGrand);
}
```

Travaux dirigés (B)

Premier petit « jeu »

Un jeu, comme beaucoup de programmes informatiques, est principalement constitué d'une *boucle* : on définit un tour de jeu que l'on répète. Le jeu s'arrête quand la partie est gagnée ou perdue.

1 - Les boucles

La boucle « Tant que »

```
while (condition) { instructions; }
```

Si `condition==true`, les instructions sont exécutées.
Si `condition==true`, les instructions sont encore exécutées.
... (indéfiniment) ...
Sinon, on passe à la suite sans exécuter les instructions.

Exemple : Afficher tous les entiers de 1 à 9 :

```
int i=1; // ( Déclaration et initialisation sur une seule ligne )
while (i<10) { // Exemple de boucle << Tant que >>
  println(i);
  i=i+1;
}
```

La boucle « Faire »

```
do { instructions; } while (condition);
```

Les instructions sont exécutées.
Si `condition==true`, les instructions sont encore exécutées.
... (indéfiniment) ...
Sinon, on passe à la suite.

Exemple : Afficher tous les entiers de 1 à 9 :

```
int i=1;
do {  // Exemple de boucle << Faire >>
  println(i);
  i=i+1;
} while (i<10);
```

Ex. B1 *Que se produit-il pour les deux exemples précédents si on initialise i à* 10 *au lieu de* 1 *? (Le vérifier).*

La boucle « Pour »

`for (initialisation;condition;mise_à_jour) { instructions; }`

L'initialisation est exécuté une fois (seulement).
Si `condition==true`, sont exécutées `instructions` puis `mise_à_jour`.
. . . (indéfiniment) . . .
Sinon, on passe à la suite sans autre exécution.

Par exemple, pour afficher tous les entiers de 1 à 9 :

```
// ( On peut déclarer i dans l'initialisation )
for (int i=1 ; i<10 ; i=i+1)
  println(i);
```

Cette boucle est particulièrement utilisée quand on connait à l'avance le nombre d'itérations.

Ex. B2 *On souhaite vérifier le comportement de la variable i si elle était définie en dehors de la boucle : que produit l'algorithme suivant ?*

```
int i;
for (i=1 ; i<10 ; i=i+1)
  println(i);
println(i);
```

Jeu « Laissez-lui une chance ! »

Le principe du jeu est le suivant :

- ⋆ L'ordinateur choisit un chiffre au hasard : `chiffre=random(0,10);` puis la partie commence :
- ⋆ L'utilisateur propose un nombre.
- ⋆ Si les deux nombres coïncident, le joueur a gagné.
- ⋆ Sinon, il retente sa chance.

Ex. B3 *Écrire un programme pour le jeu « Laissez-lui une chance ! ».*

→ *Modifier ce programme pour qu'il précise à chaque essai si le nombre recherché est plus grand ou plus petit.*

→ *Modifier ce programme pour qu'il précise à la fin du jeu combien d'essais ont été nécessaires au joueur pour gagner.*

Dans la suite on appellera ce jeu modifié le « plus ou moins ».

2 - Les fonctions

Fonction

Une fonction est un morceau de programme qui agit à partir de *paramètres* d'entrée et renvoie un certain *type* de réponse.

Pour renvoyer la réponse elle utilise l'instruction **`return`**.

Par exemple, on utilise depuis le début la fonction `readInteger()`. Son paramètre d'entrée est une chaine de caractère, et elle renvoie un entier de type **`int`**. On pourrait écrire son *prototype* (ou entête) :

`int` `readInt (String question)`

↙ type de la réponse ↓ nom ↘ paramètre d'entrée

La partie principale du programme est elle-même une fonction. Elle a la particularité de ne pas renvoyer de réponse et de ne pas avoir de paramètre d'entrée :

`void` `main ( )`

↙ pas de réponse ↓ nom ↘ pas de paramètre d'entrée

Ex. B4 *Écrire les prototypes des fonctions* **`println`** *et* **`random`**

On peut créer sa propre fonction en dehors de la fonction `main`.

On écrit son prototype, puis le groupe de ses instructions.

Si le type de réponse n'est pas **`void`**, la dernière instruction doit être :

```
return valeur_de_sortie;
```

Exemple d'un programme qui donne la parité d'un entier :

```
// Prototype de la fonction :
String parite (int entier) {
  //valeur par défaut de la réponse :
  String reponse="pair";
  //instructions de la fonction :
  if (entier%2!=0) reponse="impair";
  // instruction de fin pour renvoyer la valeur :
  return reponse;
}
void main () {
  int nombre = readInteger("un entier ?");
  print(nombre+" est un entier "+parite(nombre));
}
```

Ex. B5 *Réécrire le jeu du « plus ou moins » avec exactement les lignes suivantes pour la partie principale.*

(Il reste à écrire la fonction **tourDeJeu**. *)*

```
void main () {
  int nombre = random(0,10);
  int essai = -1;
  int compteur = 0;
  while (essai!=nombre) {
    essai=tourDeJeu(nombre);
    compteur++; // Un raccourci pour : compteur = compteur + 1;
  }
  println("Gagné en "+compteur+" essai(s).");
}
```

- Exercice d'entraînement

Ex. B6 *Le but de est de programmer le jeu du morpion (Tic-tac-toe).*

On se donne les variables globales *(c'est-à-dire définie en dehors du* `main` *et accessible à toutes les fonctions) suivantes :*

- ⋆ *neuf variables entières codant la valeur de chaque case de la grille :*

`no`	`n`	`ne`
`o`	`c`	`e`
`so`	`s`	`se`

Chacune peut valoir -1, 0 ou 1 selon si elle est libre, ou cochée par l'un des joueurs.

- ⋆ *une variable entière,* `joueur`*, codant le joueur actif (0 ou 1).*

1. *Déclarer ces variables globales.*
2. *Écrire la fonction* `initialise` *qui initialise toutes les variables à* `-1`*.*
3. *Écrire la fonction de protocole :*

```
char identite(int valeurJoueur)
```

   Elle renvoie le caractère ('X', 'O' ou '_') codé par la valeur (0, 1 ou -1).

4. *Écrire la fonction* `affiche_grille` *utilisant la fonction précédente et affichant la grille complète (séparer chaque valeur par '|').*
5. *Écrire le programme principal pour qu'il initialise la grille, efface l'affichage (utiliser* `clear();`*) et affiche la grille.*

Pour la suite on numérote les cases de la grille comme celles du clavier numérique d'un ordinateur.

6. *Écrire la fonction de protocole :*

```
boolean place(int val, int pos)
```

   Elle « place » une valeur `val` *(égale à 0 ou 1) à une position (entre 1 et 9) sur la grille si cette position est libre (égale à -1) et renvoie* `true` *si c'est le cas,* `false` *sinon (« placer » consistant à changer la valeur d'une des neuf variables décrivant la grille).*

7. *Écrire dans le programme principal une boucle « pour » allant de 1 à 9 qui permet de remplir la grille en faisant joueur successivement les deux joueurs (sans tenir compte d'un gagnant éventuel.)*
8. *Écrire la fonction* `gagnant` *qui renvoie* `true` *s'il y a un gagnant et* `false` *sinon.*
9. *Modifier la boucle* `for` *du* `main` *en une boucle* `while` *qui arrête le jeu quand l'un des joueurs a gagné et terminer le programme pour qu'il affiche le résultat.*

- Solutions des exercices

Retour sur l'exercice B1

Avec la boucle « Tant que » qui vérifie la condition avant toute chose : il ne se passe rien.

Avec la boucle « Faire » l'instruction est exécutée avant, donc on obtient une affichage : 10 et `i` vaut maintenant 11.

Retour sur l'exercice B2

Tous les nombres de 1 à 10 sont affichés.

En effet, à la sortie de la boucle, la dernière mise à jour affecte 10 à `i`. (c'est d'ailleurs parce que `i>=10` que l'on sort de la boucle !)

Retour sur l'exercice B3

```
void main(){
  int chiffre=random(0,10);
  int essai;
  do {
    essai=readInteger("Quel chiffre ?");
  } while (essai!=chiffre);
}
```

On peut également utiliser la boucle « Tant que » si on s'assure d'exécuter au moins une fois les instructions de la boucle (par exemple en initialisant bien la variable `essai` :

```
void main(){
  int chiffre=random(0,10);
  int essai=-1;
  while (essai!=chiffre) {
    essai=readInteger("Quel chiffre ?");
  }
}
```

→ Pour préciser plus petit ou plus grand, on rajoute des conditionnelles :

```
void main(){
  int chiffre=random(0,10);
  int essai;
  do {
    essai=readInteger("Quel chiffre ?");
    if (essai>chiffre) println("Plus petit");
    if (essai<chiffre) println("Plus grand");
    // Pas de << else >> à cause du cas d'égalité
  } while (essai!=chiffre);
  println("Gagné !");
}
```

→ Pour compter le nombre d'essais, on utilise un *compteur* : nombre entier que l'on incrémente à chaque essai.

On peut incrémenter avec la commande : `compteur = compteur +1;`

Mais cette opération fréquente admet un raccourci : `compteur++;`

```
void main(){
  int chiffre=random(0,10);
  int essai;
  int compteur=0; // nombre d'essais, initialisé à 0
  do {
    essai=readInteger("Quel chiffre ?");
    compteur++; // incrémentation
    if (essai>chiffre) println("Plus petit");
    if (essai<chiffre) println("Plus grand");
  } while (essai!=chiffre);
  println("Gagné en "+compteur+" essai(s).");
}
```

Retour sur l'exercice B4

`println` a un comportement bien particulier qui lui permet de prendre des paramètres différents (un texte, un nombre, ou bien d'autres choses...) mais si on s'intéresse aux chaines de caractères, on peut la considérer comme suit :

`void println(String chaine)`

La fonction `random` utilisée dans ce TD peut s'écrire :

`int random(int min, int max)`

Elle renvoie un nombre entier dans l'intervalle [min ; max[

Retour sur l'exercice B5

```
int tourDeJeu(int n){
  int essai=readInteger("Quel chiffre ?");
  if (essai>n) println("Plus petit");
  if (essai<n) println("Plus grand");
  return essai;
}
```

Retour sur l'exercice B6 Tic-tac-toe

1. Déclarations globales (avant le main)

```
int no, n, ne, o, c, e, so, s, se;
int joueur;
```

2. Fonction d'initialisation

```
void initialise() {
  no=-1; n=-1; ne=-1;
  o =-1; c=-1; e =-1;
  so=-1; s=-1; se=-1;
  joueur=-1;
}
```

3. Fonction d'identification

```
char identite(int valeurJoueur){
  char id;
  switch (valeurJoueur) {
    case 0 :  id='X'; break;
    case 1 :  id='O'; break;
    default : id='_';
  }
  return id;
}
```

4. Fonction d'affichage de la grille

```
void afficheGrille() {
 println("|"+identite(no)+'|'+identite(n)+'|'+identite(ne)+'|');
 println("|"+identite(o)+'|'+identite(c)+'|'+identite(e)+'|');
 println("|"+identite(so)+'|'+identite(s)+'|'+identite(se)+'|');
}
```

5. Programme principal

```
void main(){
  initialise();
  clear();
  afficheGrille();
}
```

6. Fonction permettant de jouer un coup

```
boolean place(int valeur, int position) {
  boolean valide = true;
  switch (position) {
    case 1 :  if (so<0) so=valeur; break;
    case 2 :  if  (s<0)  s=valeur; break;
    case 3 :  if (se<0) se=valeur; break;
    case 4 :  if  (o<0)  o=valeur; break;
    case 5 :  if  (c<0)  c=valeur; break;
    case 6 :  if  (e<0)  e=valeur; break;
    case 7 :  if (no<0) no=valeur; break;
    case 8 :  if  (n<0)  n=valeur; break;
    case 9 :  if (ne<0) ne=valeur; break;
    default : valide = false;
  }
  return valide;
}
```

Cette écriture, un peu fastidieuse, pourrait être évitée en utilisant une boucle, à condition de structurer les données de la grille de jeu, par exemple dans un tableau (TD suivant).

7. Boucle du jeu

La boucle `for` imposée par l'exercice limite à 9 itérations.

On a donc besoin d'une autre boucle (ici `do`) pour déterminer si `joue` est un coup jouable et redemander un coup au même joueur sinon.

```
// la variable << joue >> retient la proposition de jeu du
  joueur.
int joue = -1;
for (int tour=1;tour<=9;tour++){
  joueur=(joueur+1)%2;      // Changement de joueur
  do {joue = readInteger("Quelle case ? (entre 1 à 9)");}
  while(!place(joueur,joue));
  clear();
  afficheGrille();
}
```

L'instruction `joueur=(joueur+1)%2;` est basée sur l'opération mathématique de division euclidienne :

- ⋆ Pour n et d deux entiers naturels non nuls, il existe un unique couple d'entiers naturels (q,r) tels que $\begin{cases} n = d \times q + r \\ r < d \end{cases}$
- ⋆ q est appelé le quotient de la division euclidienne de n par d et s'obtient par l'instruction `q = n/d;`
- ⋆ r est appelé le reste de la division euclidienne de n par d et s'obtient par l'instruction `r = n%d;`.

Ainsi, si `joueur` vaut 0, alors `(joueur+1)%2` est le reste de la division euclidienne de 1 par 2 c'est-à-dire 1 et si `joueur` vaut 1, alors `(joueur+1)%2` est le reste de la division euclidienne de 2 par 2 c'est-à-dire 0, ce que permet dans le deux cas le changement de joueur.

Un « simple »

```
if (joueur==0) joueur=1; else joueur=0;
```

serait tout aussi valable, mais il est bon de connaître l'opérateur `%`, qui permet des simplifications de structures conditionnelles parfois complexes.

8. Test de fin de jeu

Ce test consiste en le calcul d'un boolean.

Toutes les possibilités pour gagner sont passées en revu (calculées avec l'opérateur ET : `&&`). Il suffit que l'une de ces possibilités soit valide pour qu'il y est un gagnant (on utilise le OU : `||`).

```
boolean gagnant() {
  return (o>=0&&o==c&&c==e)||(so>=0&&so==c&&c==ne)
                           ||(s>=0&&s==c&&c==n)
                           ||(se>=0&&se==c&&c==no)
                           ||(se>=0&&se==e&&e==ne)
                           ||(no>=0&&no==n&&n==ne)
                           ||(so>=0&&so==o&&o==no)
                           ||(so>=0&&so==s&&s==se);
}
```

9. Modification du main

```
void main(){
  initialise();
  clear();
  afficheGrille();
  int joue = -1;
  int tour=0;
  while (!gagnant()&&tour<9){
    tour++;
    joueur=(joueur+1)%2;
    do {joue = readInteger("Quelle case ? (entre 1 à 9)");}
    while(!place(joueur,joue));
    clear();
    afficheGrille();
  }
  if (gagnant()) println("Le joueur "+identite(joueur)+" a
    gagné");
  else println("Pas de gagnant cette fois !");
}
```

Remarque : on observe que la fonction `clear()` est utilisée exactement avant chaque utilisation de la fonction `afficheGrille()`. On pourrait inclure la première dans la deuxième pour simplifier encore le `main()`.

Travaux dirigés (C)

Les tableaux

Tableau

Un tableau est une structure de données, définie par un *type commun* et *ordonnée* par les entiers naturels

Exemples :

1	2	3	4	5	6	7	8

est un tableau de 8 entiers.

a	e	i	o	u	y

est un tableau de 6 caractères.

1 - Déclaration

Pour déclarer un tableau on ajoute des crochets `[]` après le type :

```
int [] Tableau; // déclare un tableau d'entiers.
char [] Table;  // déclare un tableau de caractères.
```

À ce stade, le tableau n'est pas encore « créé ». Ces lignes permettent juste de définir les mots `Tableau` et `Table` pour le compilateur.

2 - Initialisation

Quand le contenu du tableau est connu dès la programmation, on peut l'initialiser directement au moment de sa déclaration :

`char [] voyelles = {'a','e','i','o','u','y'};`

On peut (ré)initialiser un tableau en (re)spécifiant sa taille :

```
int [] Tableau;
Tableau = new int [8];
```

Cette dernière ligne revient à déclarer une suite de 8 variables indicées à partir de 0 et nommées : `Tableau[0]`, `Tableau[1]`, ..., `Tableau[7]`.

On peut alors initialiser chacune de ces variables indépendamment.

```
for (int i=0 ; i<8 ; i=i+1)
  Tableau[i]=random(0,10); //entier au hasard entre 0 et 9 inclus
```

Ex. C1 *Déclarer et initialiser le tableau nommé* `chiffre` *pour compléter le programme suivant.*

```
void main () {
// Décrire le tableau << chiffre >> ici
  for (int i=0 ; i<10 ; i=i+1) {
    print("En français, "+i+" se dit : ");
    println(chiffre[i]);
  }
}
```

Attribut `length`

Un attribut est une donnée liée à un objet (ici un tableau).

On accède à sa valeur en faisant suivre le nom de l'objet par un point (.) puis par l'attribut en question.

L'attribut `length` d'un tableau donne la longueur du tableau.

Exemple : Déterminons le nombre de voyelles dans le tableau.

```
char [] voyelles = {'a','e','i','o','u','y'};
int nombreDeVoyelles = voyelles.length;
```

`nombreDeVoyelles` vaut maintenant 6.

Autre exemple : dans l'exercice précédent, on remplace avantageusement la condition « `i<10` » de la boucle par « `i < chiffre.length` ». Cela permet d'adapter le nombre de tours de boucle à la longueur du tableau.

Ex. C2 *Écrire une fonction qui prend deux tableaux d'entiers comme paramètres et renvoie la taille du plus long.*

3 - Affichage

Il n'existe pas de méthode simple pour afficher le contenu d'un tableau.

Ex. C3 *Tester l'algorithme suivant :*

```
int [] tableau = { 1, 2, 3 };
println(tableau);
```

On obtient logiquement la valeur de la variable `tableau`.
Elle représente l'adresse mémoire de la première case du tableau.
C'est `println(tableau[0]);` qui affichera le contenu de cette case.

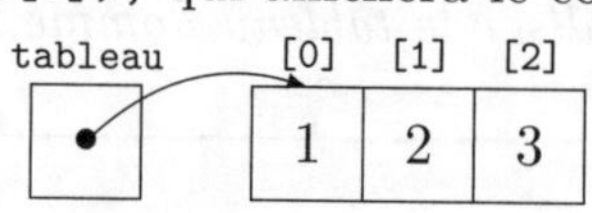

Ex. C4 *Écrire une fonction* `affiche` *qui affiche les valeurs du tableau :*

```
int [] tableau = { 1, 2, 3 };
affiche(tableau);
```

4 - Plusieurs dimensions

On peut déclarer un tableau de n'importe quel type.
En particulier, on peut déclarer un tableau de tableaux !
Cela permet de coder un tableau de dimension 2 :

notes	10	15	18
pondération	2	3	1

peut par exemple se définir par :

```
int [] [] NotPond = {{10,15,18},{2,3,1}};
```

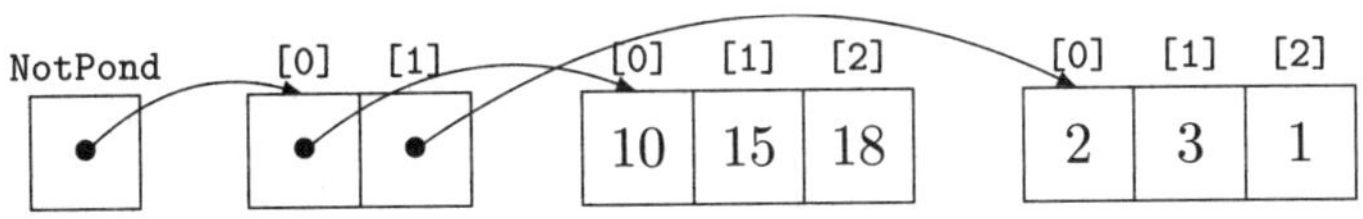

Ex. C5 *Écrire les fonctions* **affiche** *et* **moyenne** *pour compléter le programme suivant.*

```
void main () {
  int [] [] NotPond = {{10,15,18},{2,3,1}};
  println("La moyenne des notes : ");
  affiche(NotPond);
  println("est de "+moyenne(NotPond));
}
```

→ *Rechercher les pondérations pour vos notes de chaque matière au Baccalauréat et modifier votre programme pour que le calcul de la moyenne se fasse selon vos coefficients.*

- Exercice d'entraînement

Ex. C6 *Géométrie vectorielle*

On se place dans un repère orthonormé de l'espace et on code les coordonnées des points et des vecteurs par des tableaux de 3 nombres :

$A(x;y;z)$ *ou* $\overrightarrow{OA}(x;y;z)$ *par* | x | y | z |.

1. *Définir dans un programme les trois points* $A(1;2;3)$, $B(-2;4;-8)$ *et* $C(0;6;4)$.
2. *Écrire la fonction* `vecteur` *qui prend les coordonnées de deux points* A *et* B *en paramètres et renvoie celles du vecteur* $\overrightarrow{AB}$.
3. *Écrire la fonction* `produitScalaire` *qui prend les coordonnées de deux vecteurs* $\vec{u}$ *et* $\vec{v}$ *en paramètres et renvoie le produit scalaire* $\vec{u}.\vec{v}$.
4. *À l'aide de ces fonctions, programmer la réponse au problème :*
   L'angle $\widehat{BAC}$ *est-il droit ?*

Ex. C7 *Rencontres aléatoires*

On se donne un tableau de rencontres possibles pour un personnage évoluant dans un monde imaginaire :

```
String [] rencontres = {"un lapin carnivore", "un chien fou",
  "un bandit"};
```

On suppose connue la loi de probabilité correspondante :

```
double [] loiRencontres = {0.5 , 0.3, 0.2};
```

(C'est-à-dire que le personnage a 50% de chance de rencontrer un lapin carnivore, 30% de rencontrer un chien fou et donc 20% de rencontrer un bandit.)

En utilisant la fonction `random()` *qui renvoie un* `double` *aléatoire dans* $[0;1[$, *écrire la fonction qui prend les deux tableaux en paramètres et renvoie une rencontre aléatoire, en respectant la loi de probabilité.*

Ex. C8 *Où est Charly ?*

On se donne un tableau double d'entiers ne comportant que des 0 sauf un qui vaut 1. Par exemple :

```
int [] [] tab = {{0,0,0,0},
                 {0,0,1,0},
                 {0,0,0,0}};
```

Écrire la fonction qui renvoie (sous la forme d'un tableau de deux entiers) la position du 1 dans un tableau de ce type (passé en paramètre).

- Solutions des exercices

Retour sur l'exercice C1

```
// Décrire le tableau << chiffre >> ici
String [] chiffre = {"zéro", "un", "deux", "trois", "quatre",
    "cinq", "six", "sept", "huit", "neuf"};
```

Retour sur l'exercice C2

```
int plusLong(int [] tableau1, int [] tableau2) {
  int taille = tableau1.length;
  if (taille<tableau2.length) taille=tableau2.length;
  return taille;
}
```

Retour sur l'exercice C3

Pour afficher le premier élément du tableau on écrit :

```
int [] tableau = { 1, 2, 3 };
println(tableau[0]);
```

Retour sur l'exercice C4

On utilise la méthode `length` pour la taille et on sépare chaque valeur par un espace :

```
void affiche (int [] tableau) {
  for(int i=0;i<tableau.length;i++) print(tableau[i]+" ");
}
```

Retour sur l'exercice C5

La fonction `affiche` ci-dessous prend comme postulat que chaque entier du tableau est compris entre 0 et 99 (deux chiffres maximum à prendre en compte pour aligner les affichages) :

```
void affiche(int [] [] tableau) {
  // Pour chaque ligne
  for (int ligne =0; ligne < tableau.length; ligne++) {
    // Affiche les valeurs de la ligne
    for (int col =0; col < tableau[ligne].length; col ++) {
      // Avec un espace pour les nombres à 1 chiffre
      if (tableau[ligne][col]<10) print("| "); else print("|");
      print(tableau[ligne][col]);
    }
    println("|");
  }
}
```

Pour la fonction `moyenne`, il ne faut pas oublier que, contrairement aux notes (arrondies au point pour le BAC) et aux pondérations, la moyenne n'est pas un nombre entier. C'est la cas de figure typique pour lequel on peut recourir à un cast : `(double)sommeNote /sommePond`.

```
double moyenne(int [] [] tableau) {
  int sommeNote=0;
  int sommePond=0;
  //Pour chaque note (en colonne)
  for (int col =0; col < tableau[0].length; col ++) {
    //Calculer la somme des notes pondérées
    sommeNote=sommeNote+tableau[0][col]*tableau[1][col];
    //Calculer la somme des pondérations
    sommePond=sommePond+tableau[1][col];
  }
  //Renvoyer la moyenne (réelle)
  return (double)sommeNote/sommePond;
}
```

Pour la modification demandée, si les fonctions précédentes ont été « bien » écrites (notamment en utilisant l'attribut `length` pour la dimension des tableaux, il suffit de changer les données du tableau. Pour la série S-SVT du Baccalauréat spécialité ISN, on trouve :

Français écrit 2	Physique-chimie 6	Philosophie 3
Français oral 2	S.V.T. 6	E.P.S. 2
Histoire Géographie 3	L.V.1 3	I.S.N. 2
Mathématiques 7	L.V.2 2	

Pour tenir compte de la note de T.P.E. il faut par compte modifier la fonction `moyenne`. On ajoute à la somme des notes pondérées, deux fois les points au dessus de 10 de la note de T.P.E. (sans modifier la somme des pondérations).

En mettant la note et une pondération de 2 à la fin de `notePond` :

```
double moyenne(int [] [] tableau) {
  int sommeNote=0;
  int sommePond=0;
  //Pour chaque note (en colonne)
  for (int col =0; col < tableau[0].length-1; col ++) {
    //Calculer la somme des notes pondérées
    sommeNote=sommeNote+tableau[0][col]*tableau[1][col];
    //Calculer la somme des pondérations
    sommePond=sommePond+tableau[1][col];
  }
  //Prise en compte des TPE dans la dernière note
  int tpe=tableau[0][tableau[0].length-1]-10;
  if (tpe>0)
    sommeNote=sommeNote+tpe*tableau[1][tableau[0].length-1];
  //Renvoyer la moyenne (réelle)
  return (double)sommeNote/sommePond;
}
```

Retour sur l'exercice C6 Géométrie vectorielle

1. Définition des points

```
void main(){
  int [] A = {1,2,3};
  int [] B = {-2,4,-8};
  int [] C = {0,6,4};
}
```

2. Fonction `vecteur()`

   On peut écrire directement :

```
int [] vecteur(int [] A, int[] B) {
  int [] v = {B[0]-A[0],B[1]-A[1],B[2]-A[2]};
  return v;
}
```

   Mais l'utilisation de tableaux permet la généralisation. Par exemple, la fonction ci-dessous s'applique quelque soit la dimension du vecteur :

```
int [] vecteur(int [] A, int[] B) {
  int d = A.length;
  int [] v = new int [d];
  for (int i=0;i<d;i++) v[i]=B[i]-A[i];
  return v;
}
```

   Bien sûr, il faudrait alors s'assurer que `A` et `B` aient la même dimension...

3. Avec les mêmes remarques qu'au-dessus :

```
int produitScalaire(int [] u, int[] v) {
  return u[0]*v[0]+u[1]*v[1]+u[2]*v[2];
}
```

   ou en généralisant :

```
int produitScalaire(int [] u, int[] v) {
  int d = u.length;
  int p = 0;
  for (int i=0;i<d;i++) p=p+u[i]*v[i];
  return p;
}
```

4. Pour résoudre le problème on rajoute à la fin du `main` :

```
  if (produitScalaire(vecteur(A,B),vecteur(A,C))==0)
    println("L'angle en A est droit");
  else
    println("L'angle en A n'est pas droit");
```

Retour sur l'exercice C7 Rencontres aléatoires

On cumule les valeurs de la loi (comme pour une fonction de répartition). On cherche la première valeur cumulée dépassant le tirage au sort. L'indice de la rencontre est le nombre de cumuls effectués.

Exemple : le tirage au sort donne 0,7 :

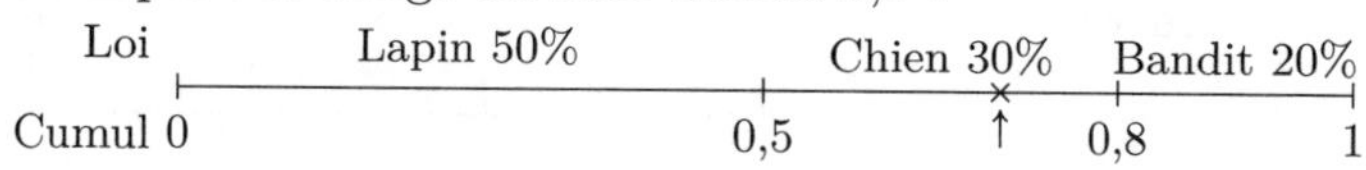

- ⋆ (`i=0`) Probabilité de la première rencontre : $0{,}5 \leqslant 0{,}7$.
- ⋆ (`i=1`) Premier cumul : $0{,}5 + 0{,}3 = 0{,}8$ et $0{,}8 > 0{,}7$.
- ⋆ Bilan : L'indice de la rencontre est `1` : « `un Chien fou` ».

```
String rencontre(String [] rencontres, double [] loiRencontres){
  double hasard = random();     // Tirage au sort
  int i=0;                      // indice de la rencontre
  double loi=loiRencontres[0];  // cumul de la loi
  while (loi<hasard) {
    i++;
    loi=loi+loiRencontres[i];
  }
  return rencontres[i];
}

void main(){
  String [] rencontres = {"un lapin carnivore", "un chien fou",
    "un bandit"};
  double [] loiRencontres = {0.5 , 0.3, 0.2};
  println(rencontre(rencontres,loiRencontres));
}
```

Retour sur l'exercice C8 Où est Charly ?

```
int [] ouEstCharly(int [] [] grille){
  int [] coord = {0,0};
  while (grille[coord[0]][coord[1]]!=1) {
      coord[1]++;                                 // colonne suivante
    if (coord[1]==grille[coord[0]].length) { // ligne suivante
      coord[0]++;
      coord[1]=0;
    }
  }
  return coord;
}

void main(){
  int [] [] tab = {{0,0,0,0},
                   {0,0,1,0},
                   {0,0,0,0}};
  int [] trouve = ouEstCharly(tab);
  println("Il est ligne "+trouve[0]+", colonne "+trouve[1]+".");
}
```

- ⋆ L'utilisation d'une boucle `while` permet d'arrêter la recherche dès qu'on a trouvé : on pourrait dans une première approche utiliser une boucle `for` qui lirait tout le tableau (et vouloir savoir si Charly est doué d'ubiquité...).
- ⋆ L'algorithme proposé est une base de travail qu'il faudrait déboguer... (que se passe-t-il si Charly n'est pas là par exemple ?)

Travaux dirigés (D)

Le codage des caractères

À partir du moment (années 1940) où il est clairement apparu que les ordinateurs n'allaient plus servir à traiter que des informations numériques brutes, le problème du codage des caractères, s'est posé.

1 - ASCII - 7 bits

ASCII - American Standart Code for Information Interchange :

C'est la première norme, adoptée après de nombreuses révisions, par l'« American National Standards Institute » (ANSI) dans les années 1960.

À l'époque les ordinateurs fonctionnaient en 8 bits, et $2^7 = 128$ caractères étaient suffisants pour coder les lettres majuscules, minuscules, chiffres et ponctuations... 1 bit de parité étant conservé pour la détection des erreurs de transmission.

Le document ci-dessous date de 1972 :

USASCII code chart

b_7 b_6 b_5					000	001	010	011	100	101	110	111
b_4	b_3	b_2	b_1	Column → / Row ↓	0	1	2	3	4	5	6	7
0	0	0	0	0	NUL	DLE	SP	0	@	P	`	p
0	0	0	1	1	SOH	DC1	!	1	A	Q	a	q
0	0	1	0	2	STX	DC2	"	2	B	R	b	r
0	0	1	1	3	ETX	DC3	#	3	C	S	c	s
0	1	0	0	4	EOT	DC4	$	4	D	T	d	t
0	1	0	1	5	ENQ	NAK	%	5	E	U	e	u
0	1	1	0	6	ACK	SYN	&	6	F	V	f	v
0	1	1	1	7	BEL	ETB	'	7	G	W	g	w
1	0	0	0	8	BS	CAN	(	8	H	X	h	x
1	0	0	1	9	HT	EM	)	9	I	Y	i	y
1	0	1	0	10	LF	SUB	*	:	J	Z	j	z
1	0	1	1	11	VT	ESC	+	;	K	[	k	{
1	1	0	0	12	FF	FS	,	<	L	\	l	|
1	1	0	1	13	CR	GS	–	=	M	]	m	}
1	1	1	0	14	SO	RS	.	>	N	^	n	~
1	1	1	1	15	SI	US	/	?	O	—	o	DEL

Source : https ://en.wikipedia.org/wiki/ASCII#/media/File :US-ASCII_code_chart.png)

Par exemple, le caractère `'A'`, est le caractère numéro `100 0001`.
C'est-à-dire : $1\times2^6+0\times2^5+\ldots+0\times2^1+1\times2^0=65$ en décimal.
Le tableau permet d'en lire l'écriture hexadécimale (colonne ligne) : `41`.
On peut vérifier par le calcul : $4\times16^1+1\times16^0=65$.

On pourra donc afficher la lettre « A » directement en la spécifiant entre guillemets simples ou à l'aide de son code ASCII (écrit en décimal, binaire ou hexadécimal) avec une opération de cast vert le type `char` :

```
println('A');
println((char)65);
println((char)0x41);
println((char)0b1000001);
```

Ex. D1 *Écrire un programme pour vérifier que Java's Cool utilise encore les mêmes références pour coder ses 128 premiers caractères (faire afficher les 128 caractères dans la console).*

Réciproquement, on peut également utiliser un cast d'un caractère vers un entier pour obtenir son code ASCII.

Ex. D2 *Déterminer à l'aide d'un cast, le code ASCII du caractère* `'a'`.

2 - ASCII étendu

L'amélioration de la fiabilité des transmissions et les besoins des européens, par exemple d'accentuer les lettres, ont abouti à l'utilisation du 8ème bit et donc à doubler le nombre de caractères codés.

latin-1

C'est la norme ISO 8859-1 pour l'encodage des caractères.
C'est celle utilisée par Java's Cool.

Ex. D3 *Vérifier cette affirmation en modifiant affichant 256 premier caractères avec Java's Cool. (Comparer avec ISO 8859-1 dont on cherchera une représentation sur internet.)*

3 - Unicode

Chaque langue ayant ses spécificités, de nombreuses normes ont vu le jour, compliquant de plus en plus la tache des développeurs pour se faire comprendre par le plus grand nombre. (Un texte écrit dans un standard devenant difficilement lisible dans un autre.)

Un consortium composé d'informaticiens, de chercheurs, de linguistes et de personnalités du monde de la politique... s'est attelé à unifier toutes les pratiques en un seul et même système : l'Unicode.

L'Unicode

Codé sur 16 bits (et toujours compatible avec l'ASCII) il permet de représenter les caractères spécifiques à toutes les langues.

```
println('\u0041'); //Encore et toujours notre A
```

Un bon compromis (qui s'impose sur internet) est l'UTF-8.

UTF-8

C'est un encodage des caractères qui utilise les codes ASCII par défaut (8 bits par caractère) plus un caractère spécial indiquant que le suivant est à lire en Unicode (en 16 bits).

On voit parfois apparaître ces caractères sur des pages ou courriels dont l'encodage est mal spécifié. La phrase « C'est très raté! » par exemple devient « C'est trÃ¨s ratÃ©! ».

Ex. D4 *En utilisant un navigateur internet, sur la page de votre site préféré,*

1. *chercher le menu relatif à l'« Affichage » et vérifier le type d'« Encodage des caractères ».*
2. *changer Unicode en Occidental (ou autre chose). Que constate-t-on ?*
3. *afficher le code source de la page et chercher la ligne <meta charset=...*

   De quel encodage s'agit-il ?

- Exercices d'entraînement

Ex. D5 *En majuscule*

Écrire la fonction `majuscule()` *qui prend un caractère entre* `a` *et* `z` *en paramètre et renvoie le caractère correspondant en majuscule (entre* `A` *et* `Z`*).*

Ex. D6 *Le chiffrage de Caesar*

En 58 avant Jésus-Christ, Jules César se lançait à la conquête de la Gaule. Pour communiquer avec ses généraux, il imagina des procédés de chiffrement. L'un d'eux consistait à permuter l'alphabet en remplaçant chacune des lettres par celle située un certain nombre de rangs plus loin.

Par exemple un décalage de 3 rangs remplacera la lettre A par D, B par E, C par F et ainsi de suite...

Écrire la fonction `code()` *qui prend un caractère entre* `A` *et* `Z` *en paramètre et renvoie le caractère correspondant au décalage proposé ci-dessus. Vérifier son fonctionnement avec* `A` *et* `Z`*.*

Ex. D7 *Type de caractère*

Écrire la fonction `typeCarac()` *qui prend un caractère de la table ASCII - 7 bits en paramètre et affiche un message pour dire si c'est une lettre, un chiffre ou un symbole.*

- Solutions des exercices

Retour sur l'exercice D1 128 caractères

```
void main(){
  for (int car=0;car<128;car++){
    print((char)car);
    // Retour à la ligne tous les 32 caractères :
    if (car%32==31) println();
  }
}
```

Retour sur l'exercice D2 cast `char` vers `int`

```
void main(){
  print("Le code de 'a' est : "+(int)'a');
}
```

Retour sur l'exercice D3 256 caractères

Il suffit de remplacer `128` par `256`. La comparaison valide l'affirmation selon laquelle c'est l'encodage utilisé par Java's Cool.

Retour sur l'exercice D4 Sur internet

1. La plupart des pages sont actuellement codées en Unicode.
2. Les caractères accentués par exemple ne s'affichent plus correctement si l'encodage sélectionné n'est pas le bon.
3. Sur la plupart des pages, on trouve `<meta charset="utf-8"/>`

Retour sur l'exercice D5 En majuscule

Comme `'A'` est codé `65` et `'a'` est codé `97`, il suffit d'opérer un décalage de 32.

```
char majuscule(char lettre) {
  int temp = (int)lettre;// Récupération du code ASCII
  temp = temp - 32;      // Décalage pour que a devienne A
  return (char) temp;    // Conversion par la table ASCII
}
```

Retour sur l'exercice D6 Chiffrage de Caesar

On a vu comment passer d'un code à un caractère et réciproquement à l'aide de casts. Pour coder un 'A' il suffit d'augmenter la valeur ASCII correspondante.

Mais pour décaler le 'Z', il faut revenir en arrière et repartir de 'A' dans le décalage.

$$A \xrightarrow{+1} B \dashrightarrow Y \xrightarrow{+1} Z \xrightarrow{+1}$$
$$\underleftarrow{\qquad\qquad\qquad -26 \qquad\qquad\qquad}$$

```
char code(char lettre) {
  int c = (int)lettre; // Récupération du code ASCII
  c = c + 3;           // Chiffrage de Caesar
  if (c>(int)'Z') c = c - 26; // gestion des dépassements
  return (char)c;      // Conversion par la table ASCII
}

void main(){
  println(code('A'));
  println(code('Z'));
}
```

Retour sur l'exercice D7 Type de caractère

Si l'on cherche à afficher directement le message selon le type testé, on se retrouve rapidement à imbriquer des structures conditionnelles.

On a choisi ci-dessous de coder préalablement le type de caractère sur un entier. Un **switch** sur ce codage permet de conclure plus facilement.

```
void typeCarac(char car) {
  int code = (int) car; // Code ASCII du caractère
  int type = 0;
  if (code>=48&&code<=57) type=2; // un chiffre
  if (code>=65&&code<=90) type=1; // une lettre (majuscule)
  if (code>=97&&code<=122) type=1;// une lettre (minuscule)
  print("Le caractère '"+car+"' est ");
  switch (type) {
    case 1 : println("une lettre."); break;
    case 2 : println("un chiffre."); break;
    default : println("un symbole.");
  }
}
```

Travaux dirigés (E)

Les chaînes de caractères

String

Ce n'est pas un type primitif, mais une *classe*, c'est-à-dire le regroupement sous un même nom de plusieurs données (appelées *attributs*) et fonctions (appelées *méthodes*)

Cette classe représente une chaine de caractères, un peu comme un tableaux de type `char`.

Les données sont les caractères (`char`) qui composent la chaîne.

1 - Construction

En tant que *classe*, un `String` peut être défini (on dit alors *instancié*) par le mot-clef new suivit d'une méthode de construction du même nom :

```
String chaine = new String("texte");
```

ou encore :

```
char lettres[] = {'t', 'e', 'x', 't', 'e'};
String mot = new String(lettres);
```

Mais cette classe est particulière. Cette construction peut également se faire comme pour un type primitif :

```
String chaine = "texte";
```

On a par ailleurs déjà eu l'occasion de *concaténer* des chaines de caractères, avec l'opération « + » :

```
String test ="Début"+" et "+"fin.";
```

2 - Méthodes

Utilisation de méthodes

On applique une méthode à une instance à l'aide d'un point « . »
`instanceDeLaClasse.nomDeLaMethode(parametres)`.

⋆ `length()`

Renvoie la longueur (`int`) de la chaîne de caractères :

```
int nombre = "texte".length()
```

On n'oublie pas les « () » puisque `length()` est une fonction (à ne pas confondre avec l'*attribut* `length` d'un tableau).

Ex. E1 *Mot de passe*

Écrire une fonction qui affiche un mot (passé en paramètre) en remplaçant chaque lettre par une étoile.

⋆ `charAt(int i)`

Renvoie le caractère (**`char`**) de rang `i` (Le premier caractère étant de rang 0 comme pour les tableaux).

```
char lettre = "texte".charAt(1);
// lettre vaut maintenant 'e'
```

Ex. E2 *Palindrome*

1. *Écrire une fonction qui affiche un texte à l'envers.* *(*"texte" → "etxet"*).*
2. *Écrire une fonction qui détermine si un texte est un palindrome.*

⋆ `substring(int d, int f)`

Renvoie la sous-chaîne de caractères (`String`) commençant au rang `d` (inclus) et finissant au rang `f` (exclu).

```
String milieu = "texte".substring(2,4)
// milieu vaut maintenant "xt".
```

Ex. E3 *Écrire une fonction qui n'écrit que la moitié de la chaine de caractères passée en paramètre et complète par des étoiles.*

⋆ `equals(Object unObjet)`

Renvoie **`true`** ou **`false`** (un **`boolean`**) selon si la chaine de caractères est ou non identique à `unObjet`.

On l'emploiera avec un `String` qui est bien un `Object` en Java.

```
boolean test = "test ".equals("test")
// test vaut maintenant : false (à cause de l'espace en trop
    sur la première chaîne de caractères).
```

Ex. E4 *Écrire une fonction* `compte` *qui calcule le nombre de fois où une chaine de caractères est comprise dans une autre. Exemple :* `compte(`"Ton tonton tond ton tonton","ton"`)` *vaut 6.*

(La classe `String` possède de nombreuses autres méthodes. Il ne faut pas hésiter à aller en chercher la liste sur internet en cas de besoin.)

- Exercice d'entrainement

Ex. E5 *On souhaite programmer le petit jeu suivant :*

Les lettres d'un mot sont présentés dans le désordre au joueur, qui doit les remettre dans l'ordre.

Pour constituer le « dictionnaire » dans lequel sera choisi un mot, on donne la structure et les données suivantes :

```
final String [] MOT = {"variable", "instruction", "boucle",
    "itération", "conditionnelle"};
```

où le mot clef **final** *fait de* **MOT** *une* constante *pour le compilateur.*

On choisit le mot caché et on en mélange les lettres :

```
final String motCache = MOT[random(0,MOT.length)];
String motMelange = melange(motCache);
```

1. *Expliquer tous les termes de la ligne qui permet le choix de* motCache.
2. *Écrire complètement, commenter et tester la fonction* melange.

La question est alors posée au joueur :

```
print("Remettre les lettres de ce mot dans l'ordre : ");
println(motMelange);
```

3. *Terminer le programme pour que le joueur puisse proposer un mot et savoir s'il a gagné ou non.*

Pour pimenter un peu le jeu, on souhaite connaitre le temps de réponse du joueur. Java's Cool propose la fonction now() *qui renvoie le nombre (de type* **double***) de millisecondes, entre le temps actuel et celui du 1 Janvier 2000, minuit.*

4. *Compléter le programme précédent pour que s'affiche le temps de réponse du joueur.*

- Solutions des exercices

Retour sur l'exercice E1 Mot de passe

```
void etoiles(String mot) {
  for (int i=0;i<mot.length();i++)
    print('*');
}
```

Retour sur l'exercice E2 Palindrome

1. Attention à ce que l'indice reste bien entre 0 et la longueur du mot moins 1.

```
void reflet(String mot) {
  for (int i=1;i<=mot.length();i++)
    print(mot.charAt(mot.length()-i));
}
```

On peut également décrémenter l'indice :

```
void reflet(String mot) {
  for (int i=mot.length()-1;i>=0;i--)
    print(mot.charAt(i));
}
```

2. Détecter un palindrome revient à le comparer à son « reflet ».

On peut donc modifier la fonction précédente pour qu'elle renvoie le reflet :

```
String reflet(String mot) {
  String r = "";
  for (int i=mot.length()-1;i>=0;i--)
    r = r+mot.charAt(i);
  return r;
}
```

La fonction `palindrome` s'écrit alors :

```
boolean palindrome(String mot) {
  return mot.equals(reflet(mot));
}
```

On peut améliorer l'efficacité en comparant directement les lettres, ce qui permet de s'arrêter à la première différence :

```
boolean palindrome(String mot) {
  boolean palin=true;
  int taille = mot.length();
  int i=0;
  while (i<taille/2 && palin) {
    palin = palin && mot.charAt(i)==mot.charAt(taille-1-i);
    i++;
  }
  return palin;
}
```

Retour sur l'exercice E3 Demi-étoilé

On peut le faire avec la méthode `charAt()` :

```
void cache(String mot){
  for (int i=0;i<mot.length();i++)
    if  (i<mot.length()/2) print(mot.charAt(i));
    else print('*');
}
```

ou en s'aidant de `substring()` :

```
void cache(String mot){
  print(mot.substring(0,mot.length()/2));
  for (int i=mot.length()/2;i<mot.length();i++) print('*');
}
```

On peut alors réutiliser la fonction étoiles du premier exercice :

```
void cache(String mot){
  print(mot.substring(0,mot.length()/2));
  etoiles(mot.substring(mot.length()/2,mot.length()));
}
```

Retour sur l'exercice E4

On peut balayer le texte caractère par caractère en comparant à chaque fois le groupe de lettres commençant par ce caractère.

```
int compte(String texte, String compare) {
  int cpt=0;
  for (int i=0;i<texte.length()-compare.length()+1;i++)
    if (compare.equals(texte.substring(i,i+compare.length())))
      cpt++;
  return cpt;
}
```

Retour sur l'exercice E5 Lettres dans le désordre

1. Explication des termes :

   `final` : Ce qui suit ne pourra plus être modifié dans le reste du programme. (Une constante)

   `String` : permet de déclarer une chaîne de caractères.

   `motCache` : nom de notre constante.

   `=` : signe d'affectation.

   `MOT[...]` : renvoie la `String` contenue à un certain rang dans le tableau `MOT`.

   `random(...,...)` : renvoie un entier aléatoire dans [...,...[.

   `mot.length` : est la longueur du tableau `MOT`.

   On obtient donc bien aléatoirement l'un des mots du tableau.

2. Une programmation possible :

```
String melange(String mot) {
  // Préparation du mélange
  String mel = "";
  int choix;
  // Copie du mot pour modifications
  String temp = mot;
  // Autant de fois qu'il y a de lettres
  for (int i=0;i<mot.length();i++) {
    // Choix d'une lettre
    choix = random(0,temp.length());
    // Ajout de la lettre au mélange
    mel = mel+temp.charAt(choix);
    // Enlèvement de la lettre du mot
    temp = temp.substring(0,choix)
          +temp.substring(choix+1,temp.length());
  }
  return mel;
}
```

3. Question/réponse

   Il suffit par exemple de rajouter à la fin du main :

```
  String reponse = readString("Votre réponse ?");
  if (reponse.equals(motCache)) println("C'est gagné !");
  else println("C'est perdu !");
```

4. Mesure du temps

```
  double temps = now();
  String reponse = readString("Votre réponse ?");
  if (reponse.equals(motCache)) println("C'est gagné !");
  else println("C'est perdu !");
  println("En "+((int)((now()-temps)/1000))+" secondes.");
```

Travaux dirigés (F)

Calculs binaires

Nombre binaire

C'est un nombre écrit en base 2, c'est-à-dire seulement avec deux symboles (0 et 1).

décimal	0	1	2	3	4	5	6	7	8	9	10
binaire	0	1	10	11	100	101	110	111	1000	1001	1010

Les nombres binaires (que l'on notera surmontés d'un trait horizontal pour les distinguer des nombres décimaux) $\overline{1}$, $\overline{10}$, $\overline{100}$ et $\overline{1000}$ représentent 2^0, 2^1, 2^2, 2^3.

1 - Représentation

De la même façon qu'un nombre décimal se lit comme la somme de puissances de dix :

$2017 = 2 \times 10^3 + 10^1 + 7 \times 10^0$

Un nombre binaire se lit comme la somme de puissances de 2 :

$\overline{1010100} = \overline{1000000} + \overline{10000} + \overline{100} = 2^6 + 2^4 + 2^2 = 84$

- ⋆ Le premier 1 a un *poids* de 6 : c'est le poids le plus *fort* ;
- ⋆ Le premier 0 a un poids de 5 ;
- ⋆ Le dernier 1 a un poids de 2 ;
- ⋆ Le dernier 0 a un poids de 0 : c'est le poids le plus *faible.*

Pour la suite, on s'intéresse aux nombres entiers positifs, représentés par un mot binaire à 8 chiffres noté $b_7b_6b_5b_4b_3b_2b_1b_0$ (8 fois 0 ou 1), c'est-à-dire un *octet.* On code ces nombres à l'aide de tableaux de 8 entiers en faisant correspondre les indices aux poids des bits.

Par exemple pour $28 = \overline{11100}$:

```
int [] vingtHuit = {0,0,1,1,1,0,0,0};
```

Ex. F1 *Écrire une fonction qui affiche le nombre binaire représenté par un tel tableau (sans que s'affichent les premiers 0 non significatifs pour le nombre)*

On peut généraliser les exemples précédents par l'une des formules :

décimal$(\overline{b_7b_6b_5b_4b_3b_2b_1b_0})$

$= b_7 \times 2^7 + b_6 \times 2^6 + b_5 \times 2^5 + b_4 \times 2^4 + b_3 \times 2^3 + b_2 \times 2^2 + b_1 \times 2^1 + b_0 \times 2^0$

$= ((((((b_7 \times 2 + b_6) \times 2 + b_5) \times 2 + b_4) \times 2 + b_3) \times 2 + b_2) \times 2 + b_1) \times 2 + b_0$

Ex. F2 *Écrire une fonction qui renvoie le nombre décimal représenté par un tableau défini précédemment.*

Reprenons la dernière écriture :

$$\begin{aligned} & \text{décimal}(\overline{b_7 b_6 b_5 b_4 b_3 b_2 b_1 b_0}) \\ = & ((((((b_7 \times 2 + b_6) \times 2 + b_5) \times 2 + b_4) \times 2 + b_3) \times 2 + b_2) \times 2 + b_1) \times 2 + b_0 \\ = & q_0 \times 2 + b_0 \end{aligned}$$

b_0 est le reste dans la division euclidienne du nombre décimal par 2.

Le quotient s'écrit alors :

$$\begin{aligned} q_0 &= (((((b_7 \times 2 + b_6) \times 2 + b_5) \times 2 + b_4) \times 2 + b_3) \times 2 + b_2) \times 2 + b_1 \\ &= q_1 \times 2 + b_1 \end{aligned}$$

donc b_1 est le reste dans la division euclidienne de q_0 par 2. Etc.

Application sur un exemple :

$72 = 2\times 36 + 0$
$36 = 2\times 18 + 0$
$18 = 2\times 9 + 0$
$9 = 2\times 4 + 1$
$4 = 2\times 2 + 0$
$2 = 2\times 1 + 0$
$1 = 2\times 0 + 1$

En substituant chaque ligne dans la précédente, on vérifie que l'écriture en binaire du nombre proposé (72) correspond à la colonne des restes lue de bas en haut :

$$\overline{1001000}$$

Ex. F3 *Écrire une fonction qui prend un entier codé sur un octet en paramètre, et renvoie le tableau de son écriture binaire à l'aide de la division euclidienne par 2 (sans s'occuper du dépassement si le nombre est en fait supérieur ou égal à 2^8).*

(On rappel les opérateurs / et % qui permettent d'obtenir le quotient et le reste)

Il existe d'autres méthodes basées sur les formules mathématiques précédentes...

Mais il ne faut pas perdre de vue que l'on utilise des machines qui, de toutes façons, ne travaillent réellement qu'avec les nombres binaires. On peut, en fait, lire le binaire directement à la source en utilisant la notion de masque.

Masque

Un masque m est un nombre binaire que l'on fait opérer sur un autre b avec l'opérateur `&` dans le but de « masquer », c'est-à-dire passer à 0, certain bit du nombre b.

nombre observé b	0	1	1	0	1
masque utilisé m	0	1	0	1	0
$b\&m$	0	1	0	0	0

avec la règle :

&	0	1
0	0	0
1	0	1

On n'observe ainsi du nombre b que les bits corresponds aux positions des `1` du masque m. Les autres sont masqués, c'est-à-dire ramenés à `0`.

Une autre opération utile dans l'utilisation des masque est le *décalage* de bits. Les opérateurs `>>` et `<<`, de décalage, permettent de faire une translation des bits d'un nombre selon leurs poids dans son écriture binaire.

Par exemple pour `0b101101>>4` : 10~~1101~~ (»4 → bits perdus) donne `0b10`.

Ex. F4 *Écrire une fonction qui renvoie le tableau de l'écriture binaire d'un nombre passé en paramètre en utilisant des masques.*

2 - Addition

L'algorithme d'addition est le même dans toutes les bases. On calcule la somme des chiffres dans l'ordre de leurs poids (de droite à gauche) en reportant les éventuelles retenues.

On peut établir une table de calcul pour l'addition de deux bits :

+	0	1
0	0	1
1	1	0

avec une retenue dépassant la capacité ($1 + 1 = \overline{10}$).

Pour additionner des nombres de plusieurs bits, il faut tenir compte d'une éventuelle retenue dans les calculs. Un additionneur complet (sur des données de un bit) admet alors la table suivante :

	retenue : 0		**retenue : 1**	
+	0	1	0	1
0	0	1	1	**10**
1	1	**10**	**10**	**11**

Exemples :

$$
\begin{array}{cccccc}
 & & & \mathbf{1} & \mathbf{1} & \\
 & & 1 & 0 & 1 & 1 \\
+ & 1 & 0 & 0 & 1 & 1 \\
\hline
 & 1 & 1 & 1 & 1 & 0
\end{array}
\qquad
\begin{array}{cccccc}
 & \mathbf{1} & & \mathbf{1} & \mathbf{1} & \\
 & & 1 & 0 & 1 & 1 \\
+ & & 1 & 0 & 1 & 1 \\
\hline
 & 1 & 0 & 1 & 1 & 0
\end{array}
$$

Ex. F5 *Écrire une fonction* `somme` *qui prend en paramètres deux tableaux de bits représentant des octets et qui renvoie leur somme dans un autre tableau.*

Si on veut faire la somme par exemple de $\overline{11110000}$ avec $\overline{10000}$ le résultat ne tient plus sur un octet. On obtient une erreur dite de dépassement : *overflow*.

Un « bon » programmeur doit gérer au maximum (exhaustivement) ces types de problème, sources d'erreurs d'exécution, voir de faille de sécurité, d'un programme.

Ex. F6 *Tester votre programme avec* `11110000` *et* `10000`*.*
Régler les problèmes éventuels.

- Exercices d'entraînement

On laissera de côté ici les nombres négatifs dont le codage (complément à 2) permet d'écrire la soustraction $m - n$ comme la somme $m + (-n)$ avec l'algorithme précédent.

La multiplication

Multiplier un nombre binaire par 2^n (= $\overline{10\cdots0}$ avec n zéros) revient à utiliser le décalage `<<n` : $\overline{101} \times \overline{\mathbf{100}} = \overline{101\mathbf{00}}$ (comme quand on multiplie un nombre décimal par 10^n : $123 \times \mathbf{100} = 123\mathbf{00}$)

La multiplication de deux nombres binaires se pose donc comme la multiplication de deux nombres décimaux. Exemple :

				1	1	0	1
×				1	0	1	0
			1	1	0	1	**0**
+	1	1	0	1	**0**	**0**	**0**
1	0	0	0	0	0	1	0

Ex. F7 *Écrire une fonction de multiplication de deux nombres binaires (donnés sous forme de tableaux de bits de produit inférieur à 256).*

On laissera également de côté ici la division qui nécessite l'utilisation de la soustraction.

Les opérateurs logiques

On peut appliquer (bit à bit) aux nombres binaires les opérateurs logiques définis pour les booléens en posant vrai = 1 et faux = 0.

Par exemple pour le OU : `true || false` vaut `true` donc `1|0` vaut `1`.

ET	0	1
0	0	0
1	0	1

En java : `&`

OU	0	1
0	0	1
1	1	1

En java : `|`

NON	0	1
	1	0

En java : `!`

XOR	0	1
0	0	1
1	1	0

En java : `^`

Où le tableau XOR (= OU eXclusif) est à comparer avec celui de l'addition de deux bits...

Ex. F8 *Réécrire la fonction somme de deux entiers définis par deux tableaux de bits sans utiliser de conditionnelles dans la boucle mais en se servant des symboles définis au-dessus.*

- Solutions des exercices

Retour sur l'exercice F1 Fonction d'affichage d'un nombre binaire

```
void affiche(int [] binaire) {
  int max = -1;                         // poids le plus fort égal à 1
  for (int i=0;i<binaire.length;i++)
    if (binaire[i]==1) max=i;
  if (max>0)                            // Il y a au moins 1 bit à 1
    for (int i=max;i>=0;i--) print(binaire[i]);
  else                                  // Tous les bits sont à 0
    print(0);
}
```

Retour sur l'exercice F2 Binaire en décimal

Avec la formule
$b_7 \times 2^7 + b_6 \times 2^6 + b_5 \times 2^5 + b_4 \times 2^4 + b_3 \times 2^3 + b_2 \times 2^2 + b_1 \times 2^1 + b_0 \times 2^0$:

```
int binToDec(int [] binaire) {
  int nb = 0;    // Le nombre décimal
  int p2 = 1;    // Les puissances de 2
  for (int i=0;i<binaire.length;i++) {
    nb=nb+p2*binaire[i];
    p2=p2*2;
  }
  return nb;
}
```

Avec la formule
$((((((b_7 \times 2 + b_6) \times 2 + b_5) \times 2 + b_4) \times 2 + b_3) \times 2 + b_2) \times 2 + b_1) \times 2 + b_0$:

```
int binToDec(int [] binaire) {
  int nb = 0;    // Le nombre décimal
  for (int i=binaire.length-1;i>=0;i--) {
    nb=nb*2+binaire[i];
  }
  return nb;
}
```

Retour sur l'exercice F3 Décimal en binaire par division euclidienne

```
int [] decToBin(int nb) {
  int [] bin = new int[8];
  int q = nb;
  for (int i=0;i<8;i++) {
    bin[i]=q%2;
    q=q/2;
  }
  return bin;
}
```

Retour sur l'exercice F4 Décimal en binaire par masques binaires

```
int [] decToBin(int nb) {
  int [] bin = new int[8];
  for (int p=0;p<8;p++)
    bin[p] = (nb>>p)&1;
  return bin;
}
```

Retour sur l'exercice F5 Somme de binaires

Vu le tableau, on peut imbriquer trois conditionnelles pour traiter les huit cas. La proposition suivante permet une imbrication de moins par une astuce d'affectation.

```
int [] somme(int[] b1, int [] b2) {
  int r = 0;                    // La retenue
  int [] s = new int[8];        // La somme
    for (int i=0;i<8;i++) {
      if (b1[i]==0) {
        if (b2[i]==0) {
          s[i]=r;
          r=0;
        }else s[i]=1-r;
      }else {
      if (b2[i]==1) {
        s[i]=r;
        r=1;
      }else s[i]=1-r;
    }
  }
  return s;
}
```

Retour sur l'exercice F6 Gestion du dépassement

L'algorithme proposé ne provoque pas d'erreur pour cette somme mais renvoie un résultat faux.

Plusieurs améliorations sont possibles :

- ⋆ provoquer l'arrêt de l'exécution avec message d'alerte ;
- ⋆ renvoyer dans le tableau une valeur différente de 0 ou 1 spécifiant l'erreur (à traiter alors hors de la fonction) ;
- ⋆ considérer que le nombre obtenu est « très grand » et renvoyer le plus grand nombre possible (ici 255) ;
- ⋆ ...

Si on opte pour le troisième point, on pourra écrire par exemple avant le **return** :

```
  if (r==1) for (int i=0;i<8;i++) s[i]=1;
```

Retour sur l'exercice F7 Multiplication de deux binaires

On se sert de la fonction `somme()` déjà écrite et on remarque que chaque ligne dont il faut faire la somme n'est qu'un décalage du premier facteur selon le rang (entre 0 et 7) de chaque 1 du second facteur :

```
int [] produit(int[] b1, int [] b2) {
  int [] s = new int[8];
  int [] p = new int[8];
  for (int i=0;i<8;i++) p[i]=0;
  for (int i=0;i<8;i++)
    if (b2[i]==1) {
      for (int k=0;k<8;k++) s[k]=0;
      for (int k=0;k<8-i;k++) s[k+i]=b1[k];
      p=somme(p,s);
    }
     return p;
}
```

Retour sur l'exercice F8 Somme par opérateurs logiques

On remarque que si `a` et `b` sont deux bits, `a^b` est le chiffre des unités de leur somme (en binaire) et `a&b` est la retenue. Après quoi il faut ajouter la retenue précédente.

```
int [] somme(int[] b1, int [] b2) {
  int r = 0;
  int [] s = new int[8];
  //Calcul de la somme
  for (int i=0;i<8;i++) {
    s[i]=(b1[i]^b2[i])^r;
    r=((b1[i]^b2[i])&r)|(b1[i]&b2[i]);
  }
  // Traitement du dépassement
  if (r==1) for (int i=0;i<8;i++) s[i]=1;
  return s;
}
```

Remarque : l'utilisation de OU vient de ce qu'on ne peut pas avoir deux retenues en même temps.

Travaux dirigés (G)

Les images

Pour les bases sur les images, nous utiliserons : *detectionForme*

En informatique, une image, comme toute autre forme d'information, doit être *numérisée*. Pour cela elle est décomposée en petits éléments :

Pixel

Un *pixel*, « *pic*ture *el*ement » est le plus petit élément graphique d'un écran. Il est composé de trois *luminophores* émettant respectivement une intensité choisie de lumière Rouge, Verte et Bleue.

Chaque Pixel est donc entièrement défini par la synthèse additive de ces couleurs primaires (et on parle de codage RVB en français, RGB en anglais.)

Image
(Myosotis)

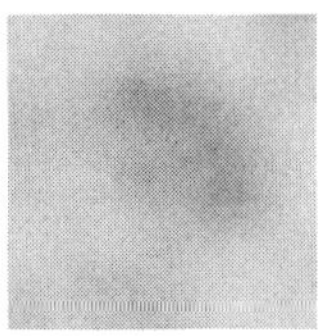

Pixels
(Cœur d'une fleur)

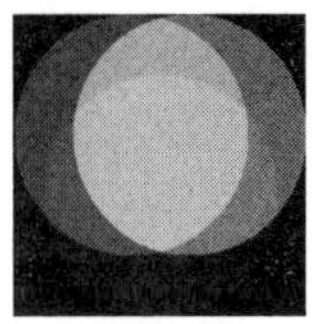

Synthèse additive
(lumières)

(Les images sont disponibles en couleurs avec le code PIXEL)

1 - Codage RVB

Codage RVB

C'est un codage des couleurs sur un entier (`int`) donc sur 32 bits, répartis par groupes de 8, (8 pour l'éventuelle gestion de la transparence, 8 pour le rouge, 8 pour le vert et 8 pour le bleu).

Chaque couleur primaire peut donc être codée sur un octet (8 bits) donc en décimal, de 0 à 255.

Pour le rose du pétale d'une fleur de myosotis proposé sur les images précédentes,

```
int couleur , R, V, B; // Rouge Vert Bleu
R = 203; // en binaire : 1100 1011 ; en hexadécimal : CB
V = 169; // en binaire : 1010 1001 ; en hexadécimal : A9
B = 178; // en binaire : 1011 0010 ; en hexadécimal : B2
couleur = (R<<16)|(V<<8)|B; // coeur rose
```

L'opération << est le décalage de bit, et | est le « OU » binaire.

Détail de l'opération :

			<<16	
(R<<16)	0000 0000	1100 1011←	~~0000 0000~~	~~0000 0000~~
				<<8
(V<<8)	0000 0000	0000 0000	1010 1001←	~~0000 0000~~
B	0000 0000	0000 0000	0000 0000	1011 0010
couleur =	0000 0000	1100 1011	1010 1001	1011 0010

Ce nombre serait illisible en décimal : 13347250.

En hexadécimal par contre, chaque lettre correspondant exactement à un groupe de 4 bits. Le nombre donc permet une lecture et une écriture simple : 0xCBA9B2.

Aussi, on définit souvent les couleurs avec une écriture hexadécimale.

```
int couleur = 0xCBA9B2;
```

Ex. G1 *On donne un programme (avec la proglet* detectionForme*) permettant de colorier et afficher les pixels d'une image avec une* `couleur` *donnée :*

```
void main() {
// Définition de la variable << couleur >>
//...
  createImage(1,256,256);
  for(int lgn=0;lgn<256;lgn++)
    for(int col=0;col<256;col++)
      setPixel(1,col,lgn,couleur);
  showImage(1);
}
```

Définir `couleur` *par l'une ou l'autre des méthodes proposées et vérifier que les deux définissent bien la même.) Essayez différentes couleurs.*

Ex. G2 *Écrire la fonction*

`int rvb(int r, int v, int b)`

qui renvoie le code de la couleur de composantes `r`*,* `v` *et* `b`

2 - Image matricielle

Image matricielle

C'est une image découpée en pixels par lignes et colonnes dont les couleurs sont répertoriées dans un tableau double d'entiers.

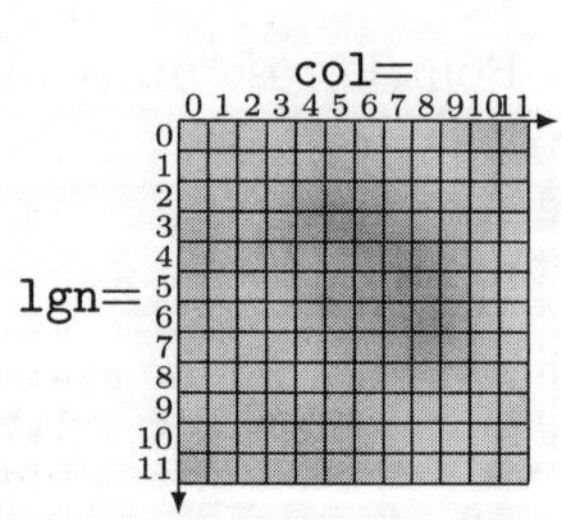

Chaque pixel est situé sur une grille par

* son numéro `col` de colonne (de 0 à la largeur de l'image moins 1) ;
* son numéro `lgn` de ligne (de 0 à la hauteur de l'image moins 1).

Détails des fonctions de la proglet *detectionForme* utilisées :

* **`createImage(int i, int w, int h)`**

  Définit l'une des quatre images de travail de la proglet (`i` = 1, 2, 3 ou 4) par sa largeur `w` et sa hauteur `h`.

```
createImage(1,256,256);
```

* **`setPixel(int i, int col, int lgn, int c)`**

  Définit par `c` la couleur du pixel situé en (colone `col`,ligne `lgn`) de l'image `i`.

```
setPixel(1,10,5,0xFF0000);
```

* **`showImage(int i);`**

  Actualise l'affichage de l'image `i`.

```
showImage(1);
```

Ex. G3 *Écrire les programmes permettant d'obtenir les dégradés ci-dessous portant sur des image carrées de 256 pixels de côté :*

Noir au rouge (de gauche à droite)

Jaune au blanc (De haut en bas)

Blanc au bleu (en diagonale)

Pour modifier une couleur déjà crée, on a besoin de pouvoir séparer ses composantes RVB. On peut utiliser, le décalage des bits et un masque :

* R :`(couleur>>16)&&0xFF`, V :`(couleur>>8)&&0xFF`, B :`couleur&&0xFF`.

On peut également utiliser les fonctions de la proglet prévues à cet effet :

* R :`getRed(couleur)`, V :`getGreen(couleur)`, B :`getBlue(couleur)`.

Ex. G4 *Écrire une fonction :*

`void degrade(int image, int couleur1, int couleur2)`

qui dessine un dégradé de `couleur1` à `couleur2` dans l'image `image` (toujours supposée carrée de 256 pixels de côté).

3 - Le contraste

Contraste

Le contraste d'une image qualifie la différence de luminance entre ses parties claires et ses parties foncées.

Pour une image en niveaux de gris

On visualise le contraste d'une image en niveaux de gris en dressant l'histogramme de ces niveaux pour l'image entière.

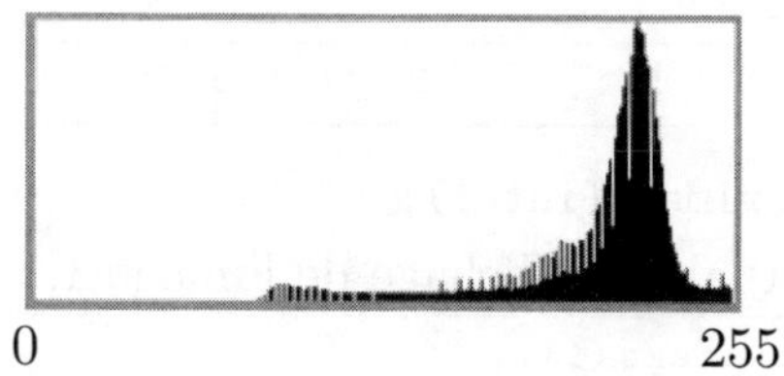

image ⇒ histogramme

La première étape est le chargement d'une image.
La proglet *detectionForme* donne :

⋆ **`loadImage(int i, String localisation)`**

Charge dans l'image `i` le contenu du fichier (.png, ou .jpg) déterminé par sa `Localisation`.

```
// Si l'image est dans le dossier de Java's Cool :
  loadImage(1,"file:/myosotis.png");
// Si l'image est sur une clef USB montée sur le lecteur F.
  loadImage(1,"file:/F:/myosotis.png");
// Si l'image est sur internet.
  loadImage(1,"http://nomDuSite/myosotis.png");
```

Ex. G5 *Charger et afficher l'image* "zebre.png" *accessible avec* *ZEBRE* .

La seconde étape est la collecte des données.
La proglet *detectionForme* donne :

⋆ **`getImageWidth(int i)`**

Renvoie la largeur (**`int`**) de l'image `i` (1, 2, 3 ou 4).

```
  int largeur = getImageWidth(1);
```

⋆ **getImageHeight(int i)**
Renvoie la hauteur (int) de l'image i (1, 2, 3 ou 4).

```
int hauteur = getImageHeight(1);
```

⋆ **getPixelColor(int i, int col, int lgn)**
Renvoie la couleur (int) du pixel situé en colonne col et ligne lgn sur l'image i (1, 2, 3 ou 4).

```
int couleur = getPixelColor(1,10,15);
```

Ex. G6 *Écrire la fonction* niveau() *qui prend un numéro d'image (déjà en niveaux de gris) en paramètre et renvoie un tableau de 256 valeurs, de sorte que sa valeur d'indice* k *soit le nombre de pixels de niveau de gris* k.

Remarque : un pixel est gris si les valeurs R, V et B de sa couleur sont égales. C'est cette valeur qui définit le niveau de gris du pixel (donc entre 0 et 255).

On souhaite maintenant dessiner l'histogramme.
La proglet *detectionForme* donne :

⋆ **drawSegment(int i, int c1, int l1, int c2, int l2, Color c)**
Trace un segment du pixel en (c1,l1) au pixel en (c2,l2) sur l'image i (1, 2, 3 ou 4) avec la couleur c.

```
drawSegment(2, 10, 20, 10, 30, Color.black);
```

Attention : il ne s'agit plus de couleur de type int mais de la classe Color. Pour pouvoir les utiliser, on doit importer cette classe :

```
import java.awt.Color;
```

au début, avant le main.
On peut alors définir ses propres couleurs par :

```
Color monRouge = new Color(0xAF0000);
```

Ex. G7 *Finir le programme pour qu'il trace l'histogramme sur une image de 256 pixels de large (un par niveau de gris) sur 100 de haut (qui devra correspondre à la hauteur maximale de l'histogramme).*

Pour une image en couleurs

On peut tracer un histogramme pour chaque composante Rouge/verte/bleue indépendamment. Mais pour avoir une idée globale du contraste, on s'intéresse à la luminance de chaque pixel.

Luminance

La luminance est une grandeur caractérisant la sensibilité de l'œil à la lumière.

L'œil n'est pas autant sensible à chaque longueur d'onde. Le vert nous parait plus lumineux que le rouge et le rouge plus lumineux que le bleu.

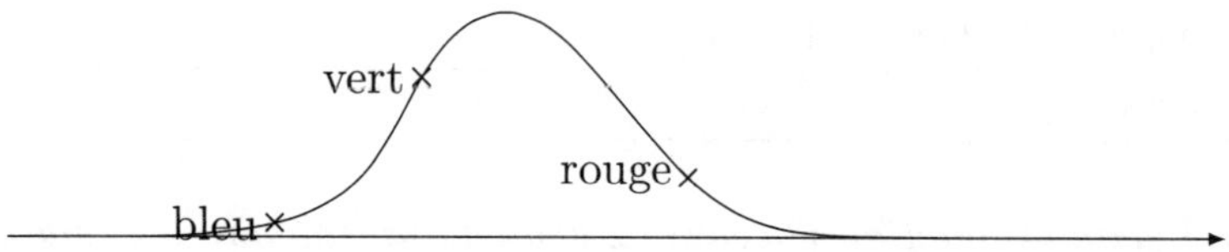

On utilisera la formule :

$$\text{Luminance} = 0{,}212\,6R + 0{,}715\,2V + 0{,}072\,2B$$

Elle donne un résultat réel que l'on arrondira à l'entier près.

Ex. G8 *Dresser l'histogramme (en luminance) de l'image* "myosotis.png" *accessible avec* *MYOSOTIS* .

4 - Quelques transformations

L'idée est de modifier les niveaux de gris (ou la luminance) de chaque pixel selon son niveau initiale. On appelle *transformation d'histogramme* la fonction qui à chaque niveau de l'image de départ associe le niveau de l'image d'arrivée.

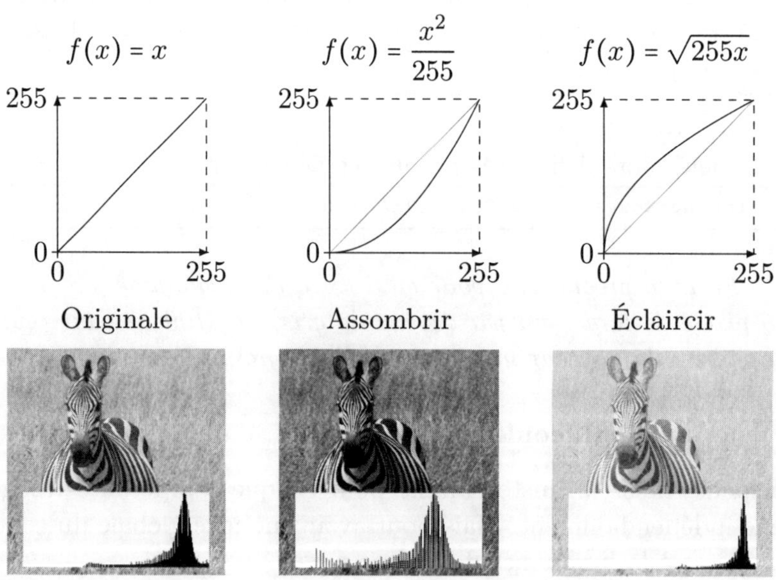

Ex. G9 *Écrire la fonction* `assombrir()` *qui prend en paramètre le numéro de deux images, lit les nuances de gris de la première et recopie leurs images par la fonction* $x \mapsto \frac{x^2}{255}$ *dans la seconde.*

Pour observer les images sources et transformée, on écrit :

```
showPipImage();
```

Cette fonction affiche, en réduction, les quatre images de travail.

Pour les images en couleur, le procédé ne s'étend pas bien, car seules les fonctions affines conservent les teintes. On peut cependant se baser sur ce qui précède et utiliser l'algorithme suivant pour chaque pixel :

```
Déterminer les composantes R, V et B du pixel.
Calculer la luminance L1 du pixel.
Calculer son image L2 = f(L1) par la transformation d'histogramme.
En déduire l'écart e = L2-L1 correspondant.
Ajouter l'écart e à R, V et B sans dépasser [0,255].
En déduire la nouvelle couleur avec ces nouvelles composantes.
```

Ex. G10 *Écrire la fonction*
`void eclaircir(int i,int j)`
qui lit les couleurs sur l'image `i` *(image en couleurs donc) et les recopies, éclaircies par la fonction* $x \mapsto \sqrt{255x}$*, sur l'image* `j`*.*
Pour la « racine carré » on utilisera la fonction `sqrt()`*.*

- Exercices d'entrainement

Ex. G11 *Sans utiliser la fonction* `rotateImage()` *de Java's Cool :*

charger un fichier pour l'image 1 et la recopier pixel par pixel dans l'image 2 en lui faisant subir l'une des transformations suivantes :

Originale

Symétrie 1

Symétrie 2

Rotation 90 °

Ex. G12 *Pour augmenter le contraste d'une image, on cherche à assombrir les zones sombres et éclaircir les zones claires.*

On a utilisé la fonction f (ci-dessous) pour contraster l'image assombrie (qui permet le mieux de voir l'effet ici) du zèbre :

Assombri

$$f(x) = -2\frac{x^3}{255^2} + 3\frac{x^2}{255}$$

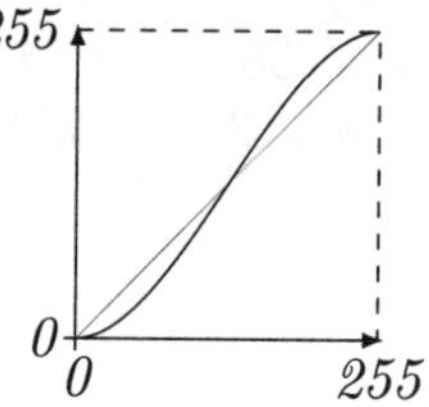

Contrasté

Écrire la fonction de contraste correspondante pour une image en couleur.

- Solutions des exercices

Retour sur l'exercice G1 Définition d'une couleur

```
void main(){
  int couleur , R, V, B; // Rouge Vert Bleu
  R = 203; // en binaire : 1100 1011 ; en hexadécimal : CB
  V = 169; // en binaire : 1010 1001 ; en hexadécimal : A9
  B = 178; // en binaire : 1011 0010 ; en hexadécimal : B2
  couleur = (R<<16)|(V<<8)|B; // coeur rose
  // Revient au même que :
  // int couleur = 0xCBA9B2;
  createImage(1,256,256);
  for(int lgn=0;lgn<256;lgn++)
    for(int col=0;col<256;col++)
      setPixel(1,col,lgn,couleur);
  showImage(1);
}
```

Retour sur l'exercice G2 Création de couleur

Le codage d'une couleur a déjà été proposé comme suit :

```
int rvb(int r, int v, int b) {
  return  (r<<16)|(v<<8)|b;
}
```

Cette fonction permettra d'alléger les programmes suivants.

Retour sur l'exercice G3 Les dégradés

- Du noir au rouge (de gauche à droite) :

  On peut faire correspondre l'intensité du rouge avec le numéro de colonne :

```
void main() {
  createImage(1,256,256);
  for (int l =0; l <256; l ++)
    for (int c =0; c <256; c ++)
      setPixel(1, c, l, rvb(c,0,0));
  showImage(1);
}
```

- Du jaune au blanc (de haut en bas) :

  On peut faire correspondre l'intensité du Jaune avec le numéro de ligne :

```
void main() {
  createImage(1,256,256);
  for (int l =0; l <256; l ++)
    for (int c =0; c <256; c ++)
      setPixel(1, c, l, rvb(l,l,0)); // Jaune = Rouge et vert
  showImage(1);
}
```

⋆ Du blanc au bleu (en diagonale) :

En appliquant les raisonnements précédents, on fixe la composante bleu à 255 et on fait correspondre l'intensité des autres composantes au « numéro de diagonale ». Reste à déterminer ce numéro en fonctions des indices de ligne et de colonne.

On observe que les diagonales sont définies par : $c + l$ = Constante.

Enfin, cette constante varie de 0 à 255×2

Une solution :

```
void main() {
  createImage(1,256,256);
  for (int l =0; l <256; l ++)
    for (int c =0; c <256; c ++)
      setPixel(1, c, l, rvb(255-(c+l)/2,255-(c+l)/2,255));
  showImage(1);
}
```

Retour sur l'exercice G4 Dégradé entre deux couleurs

```
void degrade(int image, int couleur1, int couleur2) {
  int R,V,B;
  // Récupération des composantes des couleurs
  int R1 = getRed(couleur1);
  int R2 = getRed(couleur2);
  int V1 = getGreen(couleur1);
  int V2 = getGreen(couleur2);
  int B1 = getBlue(couleur1);
  int B2 = getBlue(couleur2);
  createImage(1, 256, 256);
  for (int l =0; l <256; l ++)
    for (int c =0; c <256; c ++) {
      // Composition des couleurs intermédiaires
      R = ( (255-c)*R1 + c*R2 ) /255;
      V = ( (255-c)*V1 + c*V2 ) /255;
      B = ( (255-c)*B1 + c*B2 ) /255;
      setPixel(image, c, l, rvb(R,V,B));
    }
  showImage(image);
}
```

L'important est de séparer le calcul sur chaque composante.

On procède pour chaque composante à une moyenne pondérée dont les coefficients varient entre 0 à 1 avec un pas de $\frac{1}{255}$ en suivant les numéros de colonne (de 0 à 1 pour une couleur et de 1 à 0 pour l'autre).

Retour sur l'exercice G5 Afficher le zèbre

```
void main() {
  loadImage(1,"images/zebre.png");
  showImage(1);
}
```

Retour sur l'exercice G6 Fonction `niveau()`

```
int [] niveau(int i) {
  // Déclaration et initialisation
  int [] tab = new int[256];
  for (int k =0;k<256;k++) tab[k]=0;
  // Balayage de l'image
  for (int lgn=0;lgn<getImageHeight(i);lgn++)
    for (int col=0;col<getImageWidth(i);col++)
      tab[getBlue(getPixelColor(i,col,lgn))]++;
  return tab;
}
```

On aurait pu utiliser `getRed()` ou `getGreen()` à la place de `getBlue()`, les trois valeurs étant identiques et donnant le niveau de gris pour une image en niveaux de gris.

Retour sur l'exercice G7 Histogramme

On complète le `main` :

```
int [] histogramme = niveau(1);
int max=0;   // Recherche de l'effectif maximum
for (int l = 0;l<256;l++) if (histogramme[l]>max)
  max=histogramme[l];
createImage(2,256, 100);  // Dessin de l'histogramme
for (int l = 0;l<256;l++) drawSegment(2, l, 100, l,
  100-100*histogramme[l]/max,Color.black);
showImage(2);
```

Retour sur l'exercice G8 Histogramme de luminance

On reprend le programme précédent. On modifie la fonction `niveau()` pour en faire la fonction `luminance()` :

```
int [] luminance(int i) {
  // Déclarations et initialisation
  int [] tab = new int[256];
  for (int k =0;k<256;k++) tab[k]=0;
  int couleur=0,R=0, V=0, B=0;
  // Balayage de l'image
  for (int lgn=0;lgn<getImageHeight(i);lgn++)
    for (int col=0;col<getImageWidth(i);col++) {
      couleur = getPixelColor(i,col,lgn);
      R = getRed(couleur);
      V = getGreen(couleur);
      B = getBlue(couleur);
      tab[(int)(0.2126*R+0.7152*V+0.0722*B+0.5)]++;
    }
  return tab;
}
```

Remarque : L'ajout du 0,5 dans la formule permet un arrondi, puisque le cast en **`int`** ignore simplement la partie décimal du nombre et donc procède à une troncature.

Retour sur l'exercice G9 Assombrir

```
void assombrir(int i,int j) {
  createImage(j, getImageWidth(i), getImageHeight(i));
  int niveau;
  for (int lgn=0;lgn<getImageHeight(i);lgn++)
    for (int col=0;col<getImageWidth(i);col++) {
      niveau = getBlue(getPixelColor(i,col,lgn));
      niveau = niveau*niveau/255;
      setPixel(j, col, lgn, rvb(niveau,niveau,niveau));
    }
}
```

Retour sur l'exercice G10 Éclaircir

Pour simplifier l'écriture du «**`sans dépasser [0,255]`**» on écrit deux fonctions `min()` et `max()` donnant le minimum et le maximum de deux entiers, ainsi que la fonction **`intervalle()`** qui empêche le dépassement.

```
int max(int a, int b) {
  int M = a;
  if (M<b) M=b;
  return M;
}
int min(int a, int b) {
  int m = a;
  if (m>b) m=b;
  return m;
}
int intervalle(int val) {
  return max(0,min(255,val));
}
```

On reprend ensuite et on adapte la fonction de l'exercice précédent.

```
void eclaircir(int i,int j) {
  createImage(j,getImageWidth(i),getImageHeight(i));
  double L1,L2;
  int couleur,R,V,B,e;
  for (int lgn=0;lgn<getImageHeight(i);lgn++)
    for (int col=0;col<getImageWidth(i);col++) {
      couleur = getPixelColor(i,col,lgn);
      R = getRed(couleur);
      V = getGreen(couleur);
      B = getBlue(couleur);
      L1 = 0.2126*R+0.7152*V+0.0722*B;
      L2 = sqrt(L1*255);
      e=(int)(L2-L1);
      R=intervalle(R+e);
      V=intervalle(V+e);
      B=intervalle(B+e);
      setPixel(j, col, lgn, rvb(R,V,B));
    }
}
```

Retour sur l'exercice G11 Symétries et rotation

```
void symetrie1(int i,int j) {
  createImage(j,getImageWidth(i),getImageHeight(i));
  for (int lgn=0;lgn<getImageHeight(j);lgn++)
    for (int col=0;col<getImageWidth(j);col++)
      setPixel(j, col, lgn,
    getPixelColor(i,getImageWidth(i)-1-col,lgn));
}

void symetrie2(int i,int j) {
  createImage(j,getImageWidth(i),getImageHeight(i));
  for (int lgn=0;lgn<getImageHeight(j);lgn++)
    for (int col=0;col<getImageWidth(j);col++)
      setPixel(j, col, lgn,
    getPixelColor(i,col,getImageHeight(i)-1-lgn));
}

void rotation90(int i,int j) {
  createImage(j,getImageHeight(i),getImageWidth(i));
  for (int lgn=0;lgn<getImageHeight(j);lgn++)
    for (int col=0;col<getImageWidth(j);col++)
      setPixel(j, col, lgn,
    getPixelColor(i,getImageHeight(i)-1-lgn,col));
}

void main() {
  loadImage(1,"images/myosotis.png");

  symetrie1(1,2);
  symetrie2(1,3);
  rotation90(1,4);

  showPipImage();
}
```

Retour sur l'exercice G12 Fonction de contraste

À la ligne près qui calcule L2, c'est la même fonction que celle qui permet d'éclaircir ou d'assombrir.

```
      L2 = -2*L1*L1*L1/(255*255)+3*L1*L1/255;
```

Travaux dirigés (H)

Les animations

Le principe des animations est de créer des images distinctes mais visuellement proches et de les afficher un court laps de temps les unes après les autres. Il est donc nécessaire d'utiliser des images *tampons* pour dessiner et de ne les afficher qu'une fois terminées. Pour cela, de petites incursions en programmation Java sont nécessaires :

Nous utiliserons donc la proglet *javaProg*  .

1 - JLabel et ImageIcon

Une bibliothèque

Une bibliothèque est un ensemble de classes (définitions d'objets et de leurs propriétés) dont les fonctionnalités forment un tout logique (interactions graphiques / envoi et réception de courriels / interactions avec le système d'exploitation ...)

Pour utiliser une bibliothèque, il faut l'*importer*. Exemples :

```
import javax.swing.*;
```

swing

swing en est une extension de la bibliothèque graphique historique. Elle contient la classe `JLayeredPane` qui définit le panneau « proglet javaProg », et les classes `JLabel` et `ImageIcon` qui permettent d'y ajouter des éléments.

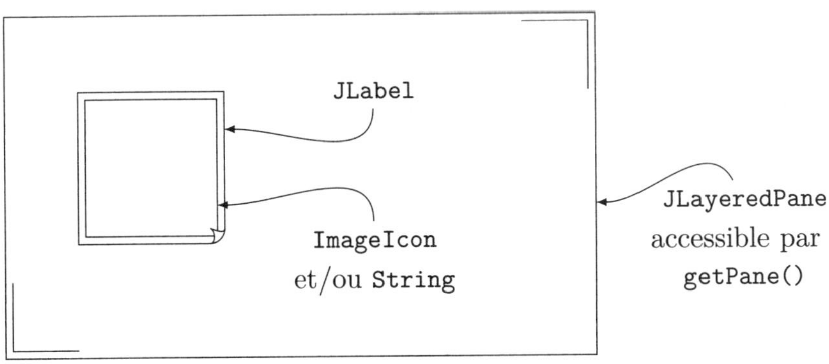

Pour simplifier l'utilisation de ce panneau, on peut utiliser les fonctions `showText()` et `showIcon()` de Java's Cool :

Animation d'un texte

⋆ `JLabel showText(String text, int x, int y, int c)`

Crée et montre une étiquette comportant un `text` sur le panneau aux coordonnées (x,y) sur la couche `c`. Les couches (ou calques) permettent les superpositions des affichages (les plus grandes valeurs dessus).

```
import javax.swing.JLabel;
void main(){
  getPane().removeAll(); // Pour vider le panneau
  JLabel monTexte = showText("Hello world",100,50,0);
}
```

De la même façon que l'on a traité des chaines de caractères avec la classe `String`, on traite ici d'une étiquette sur notre panneau avec la classe `JLabel`.

Instances d'une classe

À partir de la *classe* `JLabel` (définissant les caractéristiques de notre étiquette) on a obtenu l'*objet* `monTexte` (notre étiquette particulière) construit à partir des valeurs "Hello World", `100`, `50` et `0` passées en paramètres pour sa construction.

On dit que l'objet est une *instance* de la classe.

Lors de l'utilisation de la classe `String` on a utiliser des méthodes : `length()`, `charAt()`, ...

De la même façon, pour vider le panneau de la proglet, on vient d'appliquer une méthode : `removeAll();` (`getPane()` renvoie un objet de la classe `JLayeredPane`.)

Méthodes

On peut agir sur une instance à l'aide de fonctions, appelées *méthodes*, en écrivant le nom de l'objet, suivi d'un point « . » puis du nom de la méthode et de ses paramètres éventuels.

Quelques méthodes pour la classe `JLabel`

⋆ `setText(String newText)`

Modifie le texte à afficher dans l'étiquette.

```
monTexte.setText("Bonjour !");
```

Ex. H1 *Programmer un décompte de 10 secondes. (Un compte à rebours mis à jour toutes les secondes, commençant à 10 et terminant à 0).*

On pourra utiliser `sleep(1000)` *qui génère une pause de 1000ms.*

⋆ `setLocation()`

Modifie la position de l'étiquette.

```
monTexte.setLocation(10,10);
```

Ex. H2 *Modifier le programme de l'exercice précédent pour que l'affichage du décompte chute de 20 pixels toutes les secondes (à chaque mise à jour de l'affichage).*

Ex. H3 *Modifier le programme de l'exercice précédent pour que l'affichage du décompte chute de 1 pixel toutes les 50 millisecondes (le décompte se faisant toujours à chaque seconde).*

⋆ `setVisible(boolean trueOrFalse)`

Rend l'étiquette visible (si **`true`**) ou invisible (si **`false`**).

```
monTexte.setVisible(false);
```

Ex. H4 *Modifier le programme de l'exercice précédent pour que l'affichage clignote toutes les 200 millisecondes.*

La taille de l'étiquette contenant le texte est définie par le texte proposé à sa création. Il est parfois utile de pouvoir changer cette taille :

⋆ `setSize(int w, int h)`

Fixe la largeur `w` et la hauteur `h` de l'étiquette.

```
monTexte.setSize(100, 15);
```

Pour fixer les dimensions de l'étiquette à la taille d'un nouveau texte défini par la méthode `setText()`, on pourra également écrire :

```
monTexte.setSize(monTexte.getPreferredSize());
```

Animation d'une image

⋆ `JLabel showIcon(String location, int x, int y, int c)`

Crée et montre une étiquette comportant l'image localisée par le chemin `location` sur le panneau aux coordonnées (x,y) sur la couche `c`.

```
import javax.swing.JLabel;
void main(){
  getPane().removeAll();
  JLabel monTexte = showIcon("image.jpg",100,50,0);
}
```

Remarque : le chemin est relatif au dossier depuis lequel est lancé Java's Cool. Mais il peut être écrit en absolu ou être une adresse internet. (Comme nous l'avons déjà vu avec la m"thode `loadImage()`.)

C'est toujours un `JLabel` : les méthodes précédentes s'appliquent (et on peut définir un texte en plus de l'image avec la méthode `setText()` ;)

Quelques méthodes supplémentaires pour les `JLabel` :

⋆ `setHorizontalTextPosition(int textPosition)`

Modifie la position horizontale du texte par rapport à l'image.

```
monImage.setText("centré");
monImage.setHorizontalTextPosition(JLabel.CENTER);
```

Les constantes : `LEFT`, `CENTER`, `RIGHT`, `LEADING`, `TRAILING` (par défaut).

⋆ `setVerticalTextPosition(int textPosition)`

Modifie la position verticale du texte par rapport à l'image.

```
monImage.setVerticalTextPosition(JLabel.CENTER);
```

Les constantes : `TOP`, `CENTER` (par défaut), `BOTTOM`.

⋆ `setIcon(ImageIcon img)`

Modifie l'image à afficher dans l'étiquette.

Java's Cool fournit la fonction `getIcon()` qui prend un `String` en paramètre (l'adresse) et renvoie une `imageIcon`.

```
import javax.swing.JLabel;
import javax.swing.ImageIcon;
void main(){
  getPane().removeAll();
  JLabel monImage = showIcon("images/image1.png",100,50,0);
  sleep(2000); // attente de deux secondes.
// Chargement de l'image
  ImageIcon image2 = getIcon("images/image2.png");
// Changement de l'image
  monImage.setIcon(image2);
}
```

⋆ `getIcon()`

À ne pas confondre avec la fonction `getIcon()` de Java's Cool, cette méthode de `JLabel` renvoie l'image sous forme d'`Icon`. Pour obtenir une `ImageIcon`, on peut utiliser un cast :

```
ImageIcon image1 = (ImageIcon) monImage.getIcon();
```

Ex. H5 *Avec les trois images suivantes (code : ROUES).*

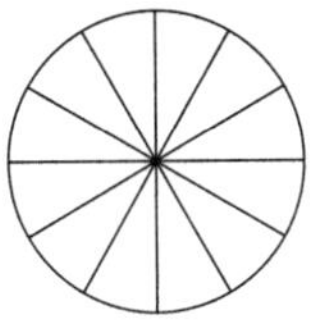
roue1.png

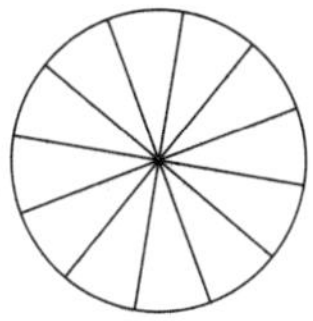
roue2.png

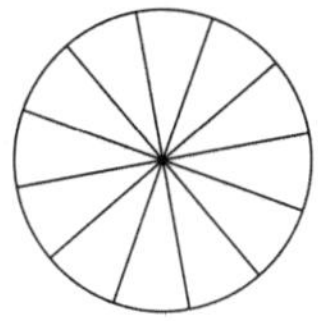
roue3.png

Créer une animation de 100 diapositives en écrivant un programme qui affiche ces trois images successivement (1, 2, 3, 1, 2, 3, ...) avec une pause de 20 milisecondes et un déplacement de 7 pixels vers la droite entre deux images.

2 - BufferedImage

Les choses se compliquent un peu si l'on veut pouvoir accéder aux images pixel par pixel comme dans le TD précédent. Les `ImageIcon` ne sont pas modifiables directement. On utilise donc une autre classe en revenant à la bibliothèque AWT :

AWT

AWT (« Abstract Window Toolkit ») est la première bibliothèque graphique (par l'ancienneté) de Java. Elle contient en particulier la classe `BufferedImage` et la classe `Graphics2D` qui permettent de dessiner des images.

BufferedImage

Cette classe permet d'instancier des images modifiables.

Pour créer une image vide, on utilise un constructeur :
`BufferedImage image = new BufferedImage(w,h,type);`
où `w` et `h` sont les largeur et hauteur (en pixels), et `type` le type d'encodage des couleurs. On choisira : `BufferedImage.TYPE_INT_ARGB`.

C'est plus délicat de partir d'un fichier image. Dans ce cas, on utilisera la fonction définie pour une autre proglet de Java's Cool :
`org.javascool.tools.image.ImageUtils.loadImage("image.png");`
ce qui renvoie une `BufferedImage` (mais dont le type dépend du fichier source et peut ne pas prendre en compte la transparence).

Pour afficher une `BufferedImage` sur le panneau de JavaProg, on doit alors faire « à la main » la construction et le positionnement de l'étiquette :

```
import javax.swing.JLabel;
import javax.swing.ImageIcon;
import java.awt.image.BufferedImage;

void main() {
  getPane().removeAll();
// Instanciations
  BufferedImage image =
    org.javascool.tools.image.ImageUtils.loadImage("image.png");
  ImageIcon imageI = new ImageIcon(image);
  JLabel etiquette = new JLabel(imageI);
// Positionnement
  etiquette.setLocation(0, 0);
// Dimensionnement
  etiquette.setSize(etiquette.getPreferredSize());
// Mise en profondeur
  getPane().add(etiquette, new Integer(1));
}
```

Quelques méthodes pour la classe `BufferedImage`.

- ⋆ `setRGB(int x, int y, int argb)`

  Redéfinit la valeur de la couleur du pixel de coordonnées (`x,y`) à `argb` , un `int` donnant dans l'ordre les composantes sur 4 octets : Alpha(opacité) , Red(rouge) , Green(verte) et Blue(bleue).

```
image.setRGB(2,5,0xFF0000FF); // Opaque Bleu en (2,5)
```

On rappelle que l'on peut par exemple recomposer une couleur à partir de ses composantes `A`, `R`, `V` et `B` entières entre 0 et 255 :

```
  int couleur =  (A << 24) | (R << 16) | (V << 8) | B;
```

Ex. H6 *Programmer l'affichage d'un rectangle blanc de 200 pixels de large sur 100 de haut en haut à gauche du panneau.*

Ex. H7 *Programmer une animation partant du rectangle blanc précédant et arrivant au bout de quelque secondes à un rectangle noir en étant passé par toutes les nuances de gris.*

- ⋆ `getHeight()`

  Renvoie la hauteur de la `BufferedImage`.

```
int hauteur = image.getHeight();
```

- ⋆ `getWidth()`

  Renvoie la largeur de la `BufferedImage`.

```
int largeur = image.getWidth();
```

⋆ **getRGB(int x, int y)**

Renvoie la valeur (**int**) de la couleur du pixel de coordonnées (x,y).

```
int couleur = image.getRGB(2,5);
```

On rappelle que l'on peut par exemple utiliser des masques pour différencier les composantes d'une couleur :

```
int alpha = (couleur &  0xFF000000)>>24;
int rouge = (couleur &  0x00FF0000)>>16;
int vert  = (couleur &  0x0000FF00)>>8;
int bleu  =  couleur &  0x000000FF;
```

Ex. H8 *Programmer une animation partant d'une image et la faisant disparaitre progressivement (la composante alpha passant de 255 à 0).*

- Solutions des exercices

Retour sur l'exercice H1 Compte à rebours

```
import javax.swing.JLabel;

void main() {
// Initialisation
  getPane().removeAll();
  JLabel monTexte = showText("10",0,0,0);
// Décompte
  for (int i=10;i>=0;i--) {
    monTexte.setText(""+i);
    sleep(1000);
  }
}
```

La méthode `setText()` attend un `String`. Il faut donc réaliser un cast de notre entier `i`. Mais un tel cast : `(String)i` n'est pas possible. On utilise pour faire cette conversion une méthode de la classe `String` : `valueOf()`. On aurait donc pu écrire :

```
    monTexte.setText(String.valueOf(i));
```

La méthode proposée (`""+i`), correspond à ce que l'on a déjà fait avec la classe `String` précédemment : la concaténation. Java la permet entre une chaine de caractère (vide ici) et un entier et renvoie effectivement le `String` recherché.

Retour sur l'exercice H2 Compte à rebours en chute

On ajoute une ligne dans la boucle pour repositionner l'étiquette :

```
// Décompte
  for (int i=10;i>=0;i--) {
    monTexte.setLocation(0,(10-i)*20);
    monTexte.setText(""+i);
    sleep(1000);
  }
```

Retour sur l'exercice H3 Compte à rebours en chute continue

```
// Décompte
  for (int i=200;i>=0;i--) {
    monTexte.setLocation(0,200-i);
    if (i%20==0) monTexte.setText(""+(i/20));
    sleep(50);
  }
```

On rappelle que `n%q` donne le reste dans la division euclidienne de `n` par `q` : `(i%20==0)` teste donc si `i` est un multiple de 20.

Retour sur l'exercice H4 Clignotement

```
for (int i=200;i>=0;i--) {
  monTexte.setLocation(0,200-i);
  if (i%20==0) monTexte.setText(""+(i/20));
  if (i%4==0) monTexte.setVisible(true);
  if (i%4==1) monTexte.setVisible(false);
  sleep(50);
}
```

Retour sur l'exercice H5 La roue tourne

```
import javax.swing.JLabel;
import javax.swing.ImageIcon;
void main(){
  getPane().removeAll();
// Chargement des images
  ImageIcon [] images = new ImageIcon[3];
  for(int i=0;i<3;i++)
    images[i] = getIcon("images/roue"+(i+1)+".png");
// Initialisation
  JLabel monImage = showIcon("images/roue1.png",0,50,0);
// Animation
  for(int i=0;i<100;i++) {
    sleep(50);
    monImage.setIcon(images[i%3]);
    monImage.setLocation(i*7,50);
  }
}
```

Retour sur l'exercice H6 Un rectangle blanc

On part de l'exemple d'affichage donné et on ajoute une boucle autour du dessin du rectangle :

```
import javax.swing.JLabel;
import javax.swing.ImageIcon;
import java.awt.image.BufferedImage;

void main() {
  getPane().removeAll();
// Instanciations
  BufferedImage image = new BufferedImage(200, 100,
    BufferedImage.TYPE_INT_ARGB);
  ImageIcon imageI = new ImageIcon(image);
  JLabel etiquette = new JLabel(imageI);
// Positionnement
  etiquette.setLocation(0, 0);
// Dimensionnement
  etiquette.setSize(etiquette.getPreferredSize());
// Mise en profondeur
  getPane().add(etiquette, new Integer(1));
// Coloriage
  for (int i = 0;i<100;i++)
    for (int j=0;j<50;j++)
      image.setRGB(i,j,0xFFFFFFFF);
}
```

Il se peut que le rectangle blanc n'apparaisse pas. Dans ce cas, rajouter la commande : `getPane().repaint();`. Elle permet le rafraichissement du dessin du panneau.

Retour sur l'exercice H7 Fondu au noir

On ajoute une boucle autour du coloriage du rectangle pour faire varier la couleur, finissant par une mise à jour de l'affichage et une temporisation :

```
// Coloriage
  for (int c=255;c>=0;c--) {
    for (int i = 0;i<100;i++)
      for (int j=0;j<50;j++)
        image.setRGB(i,j,0xFF000000|(0x10101*c));
    getPane().repaint();
    sleep(20);
  }
```

Retour sur l'exercice H8 Disparation d'une image

On part de l'exemple d'affichage donné, puis on modifie petit à petit la composante alpha.

```
import javax.swing.JLabel;
import javax.swing.ImageIcon;
import java.awt.image.BufferedImage;

void main() {
  getPane().removeAll();
// Instanciations
  BufferedImage image =
    org.javascool.tools.image.ImageUtils.loadImage("image.png");
  BufferedImage evolution = new BufferedImage(image.getWidth(),
                                   image.getHeight(),
                                   BufferedImage.TYPE_INT_ARGB);
  ImageIcon imageI = new ImageIcon(evolution);
  JLabel etiquette = new JLabel(imageI);
// Mise en place
  etiquette.setLocation(0, 0);
  etiquette.setSize(etiquette.getPreferredSize());
  getPane().add(etiquette, new Integer(1));
// Prise de dimensions
  int hauteur = image.getHeight();
  int largeur = image.getWidth();
// Disparition
  int rgb=0;
  for (int a=255;a>=0;a--) {
    for (int i = 0;i<largeur;i++)
      for (int j=0;j<hauteur;j++) {
        rgb=image.getRGB(i,j)&0xFFFFFF;
        evolution.setRGB(i,j,0x01000000*a+rgb);
      }
    etiquette.repaint();
    sleep(20);
  }
}
```

Travaux dirigés (I)

Recherche et tri

Comment trouver une information parmi beaucoup d'autres ?

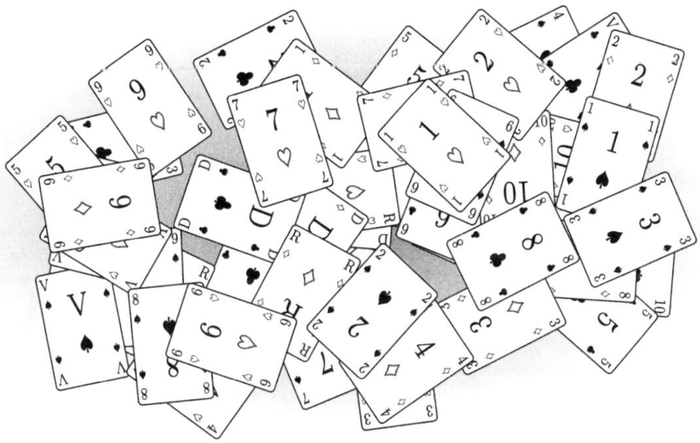

Exemple : parmi les cartes étalées ci-dessus, où est le 4 de cœur ?

Comment peut-on s'y prendre pour être efficace ?

Pour trouver l'information sans passer en revue toutes les cartes une à une (ce qui serait un algorithme valable mais un peu long), on est amené à *trier* mentalement les cartes.

Pour ce faire, on met en place sans trop y réfléchir des critères :

- ⋆ La carte est noire (on fait donc abstraction des rouges).
- ⋆ La carte n'est pas une figure.
- ⋆ Etc.

Il est d'autant plus facile de trouver ce que l'on cherche que les données sont bien ordonnées (d'une manière ou d'une autre). Définissons un ordre total pour nos 52 cartes : par couleurs puis valeurs.

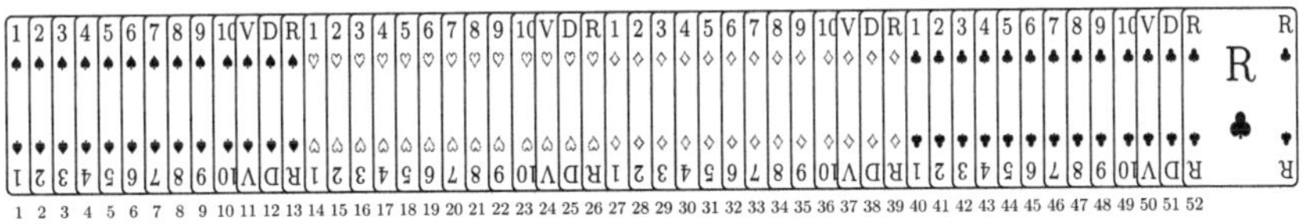

Pour la suite, on s'intéresse à la manière de ranger sa main, après distribution d'une dizaine de cartes au hasard, que l'on représentera par un tableau d'entiers (compris entre 1 et 52) :

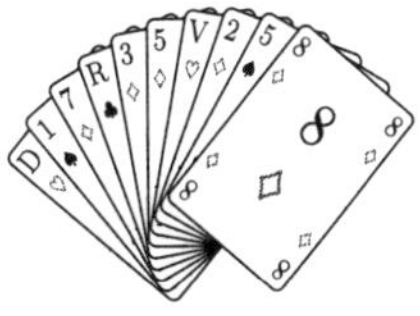

25	1	33	52	29	31	24	28	5	34

```
int[] cartes = {25,1,33,52,29,31,24,28,5,34};
```

1 - Différents algorithmes de tri

Tri par insertion

C'est un des tris les plus simples. On prend une carte à la fois dans l'ordre de la main (de gauche à droite), et on l'insère à sa place parmi les cartes que l'on a déjà rangées (à gauche).

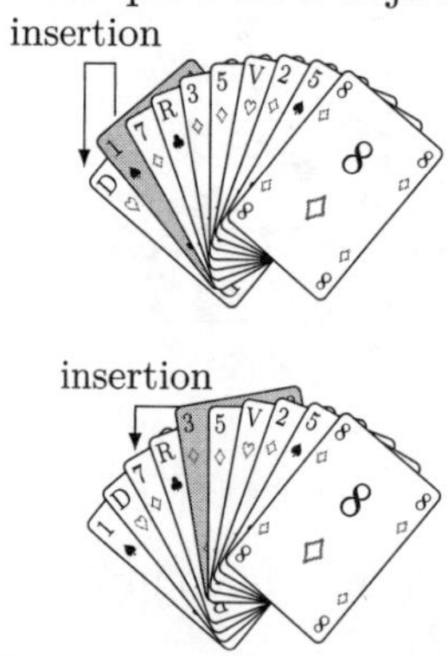

25	1	33	52	29	31	24	28	5	34
1	25	33	52	29	31	24	28	5	34
1	25	33	52	29	31	24	28	5	34
1	25	33	52	29	31	24	28	5	34

etc.

Ex. I1 *Programmer la fonction* `triInsertion()` *qui prend un tableau d'entiers en paramètre et le trie par insertion.*

Tri par sélection

Le tri par sélection consiste à sélectionner la carte que l'on souhaite ranger au lieu de prendre la première venue. Les cartes sont choisies de la plus petite à la plus grande et positionnées directement à leurs places définitives (par échange, sans décalage).

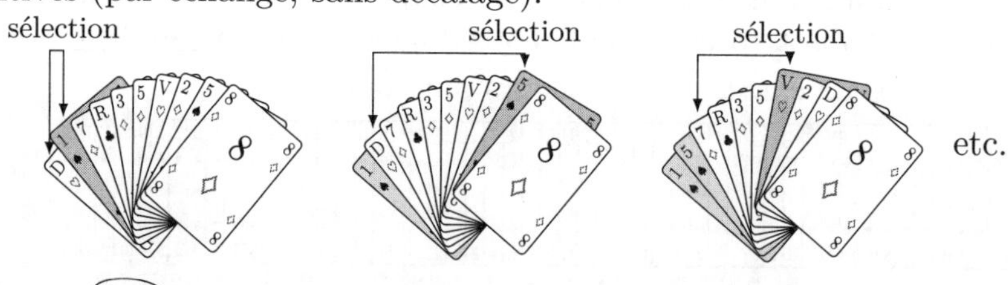

25	1	33	52	29	31	24	28	5	34
1	25	33	52	29	31	24	28	5	34
1	5	33	52	29	31	24	28	25	34

etc.

Ex. I2 *Programmer la fonction* `triSelection()` *qui prend un tableau d'entiers en paramètre et le trie par sélection.*

Tri par fusion

Le tri par fusion consiste à séparer les cartes en deux parties, que l'on trie séparément, et que l'on *fusionne* pour obtenir un tri complet.

On s'intéresse dans un premier temps à l'algorithme de fusion, pour pouvoir l'appliquer à deux groupes contiguës de cartes, chaque groupe étant déjà trié :

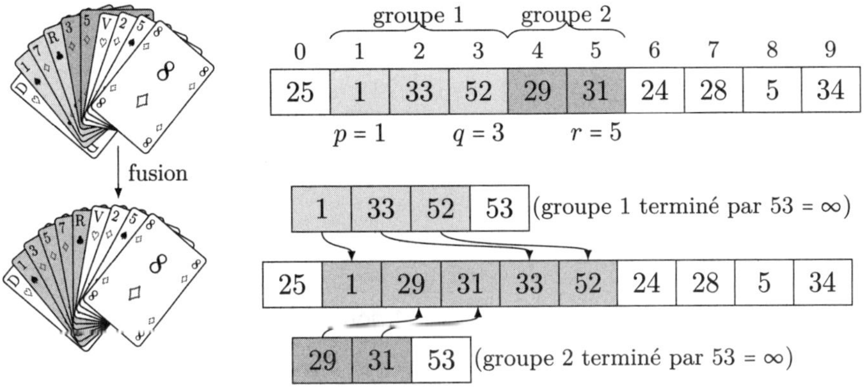

On copie les deux parties triées dans deux tableaux (terminés par une valeur *infinie* pour simplifier les comparaisons suivantes). On lit ensuite en parallèle ces deux tableaux en recopiant systématiquement la plus petite valeur lue.

Ex. I3 *Programmer la fonction* `fusion()` *qui prend un tableau d'entiers en paramètre ainsi que les trois indices* `p`*,* `q` *et* `r` *et qui fusionne les valeurs entre les indices* `p` *et* `r`*.*

Pour terminer le tri par fusion, on propose la fonction suivante :

```
void triFusion (int [] tab, int p, int r) {
  if (p<r) {
    int q = (p+r)/2;
    triFusion(tab,p,q);
    triFusion(tab,q+1,r);
    fusion(tab,p,q,r);
  }
}
```

Ex. I4 *Écrire le programme principal permettant de tester cette fonction.*

Remarque : Cette fonction a la particularité de s'appeler elle-même. On dit qu'elle est *récursive*.

2 - Recherche dichotomique

Une recherche *dichotomique* consiste, par comparaison, à éliminer au moins la moitié des possibilités à chaque étape. L'idée est donc de faire ces comparaisons avec des médianes, ce qui sous-entend que les valeurs soient triées.

Sur l'exemple, cherchons le sept de carreau (le 33) en définissant la médiane comme la valeur, dans le tableau de taille n, d'indice $n/2$ (quotient de la division euclidienne) :

0	1	2	3	4	5	6	7	8	9
1	5	24	25	28	29	31	33	34	52

$n = 10$ donc $n/2 = 5$ et la médiane est $29 < 33$

6	7	8	9
31	33	34	52

$n = 4$ donc $n/2 = 2$ et la médiane est $34 > 33$

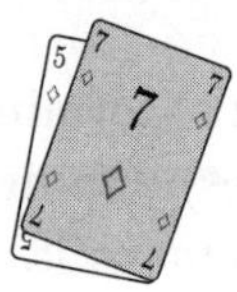

6	7
31	33

$n = 2$ donc $n/2 = 1$ et la médiane est $33 = 33$

Ex. I5 *Programmer la recherche dichotomique qui prend en paramètre un tableau d'entiers triés et un entier à chercher et renvoie le rang de cet entier dans le tableau (ou -1 s'il n'y est pas).*

- Exercice d'entrainement

Ex. I6 *Tri par dénombrement.*

C'est un tri particulier : il ne nécessite aucune comparaison !

On part de l'hypothèse que l'on cherche à trier des entiers dans un intervalle donné $[0; N]$ *(ici :* $N = 52$*) et on se sert de ces entiers comme indices de tableaux. En voici les étapes :*

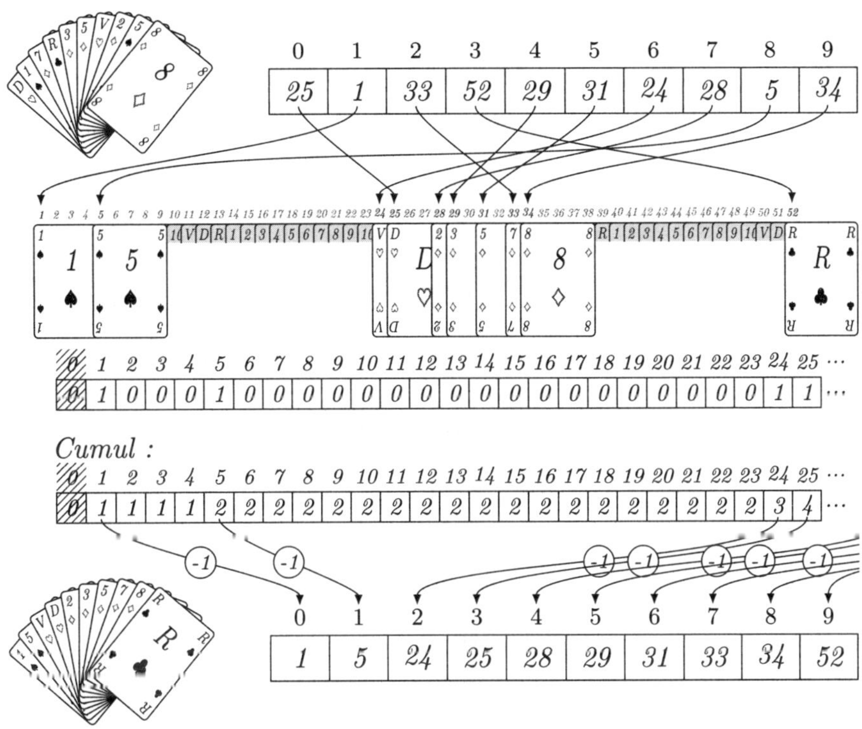

- ⋆ *On crée un tableau de 0* `effectifs` *de taille* $N+1$ *(indice 0 inutilisé)*
- ⋆ *On incrémente les valeurs de* `effectifs` *d'indices données par les valeurs du tableau à trier.*
- ⋆ *On cumule les valeurs de* `effectifs`.
- ⋆ *On construit un nouveau tableau pour trier les valeurs du premier : chaque valeur v de départ placée à la case d'indice* `effectif[v]-1`.

1. *Écrire la fonction de tri par dénombrement.*
2. *Que se passe-t-il si une carte est présente deux fois ?*
   (Corriger éventuellement votre algorithme).

- Solutions des exercices

Retour sur l'exercice I1 Tri par insertion

```
void triInsertion(int[] tab) {
  int cle;     // valeur de la carte à insérer.
  int j;       // indice de cette carte dans le tableau.
  int i;       // indice de balayage (vers la gauche) pour
    décalage.
  for (j=1;j<tab.length;j++) {
    cle = tab[j];  // On retient la valeur à insérer.
    i=j;           // On balaye le tableau à partir de l'indice
    j...
    while ((i>0)&&tab[i-1]>cle) {
      tab[i]=tab[i-1];  // ...pour décaler les cartes.
      i--;
    }
    tab[i]=cle;    // On termine l'insertion.
  }
}
```

La valeur `tab` est passée en paramètre donc on ne peut pas la changer. Pourtant certaines lignes commencent par `tab[i]=`. Il faut bien comprendre que la valeur `tab` est en fait « l'adresse » du tableau. Du coup, on a toute latitude pour modifier les valeurs `tab[i]` que cette adresse permet d'atteindre. Cette façon de procéder peut être source d'erreurs (accès en lecture à un tableau en train d'être modifié par exemple). On peut procéder autrement en construisant un nouveau tableau dont la fonction renverrait l'adresse. Les données en serait sécurisées, mais cela demande le double de place en mémoire.

Retour sur l'exercice I2 Tri par sélection

```
void triSelection(int[] tab) {
  int min;     // Indice de la valeur minimale à trier.
  int tmp;
  for (int i=0;i<tab.length;i++) {
    // Recherche de l'indice min
    min = i;
    for (int j=i+1;j<tab.length;j++)
      if (tab[min]>tab[j]) min=j;
    // Permutation avec la première valeur non triée
    if (min>i) {
      tmp=tab[min];
      tab[min]=tab[i];
      tab[i]=tmp;
    }
  }
}
```

Avec la même remarque que pour l'exercice précédent sur la modification du tableau passé en paramètre dans la fonction elle-même.

Retour sur l'exercice I3 Tri par fusion

	groupe 1	groupe 1	groupe 1	groupe 2	groupe 2				
0	1	2	3	4	5	6	7	8	9
25	1	33	52	29	31	24	28	5	34
	$p = 1$		$q = 3$		$r = 5$				

```
void fusion(int[] tab, int p, int q, int r) {
  int n1 = q - p + 1;          // taille du groupe 1 (de Gauche)
  int n2 = r - q;              // taille du groupe 2 (de Droite)
  int [] G= new int[n1+1];     // pour le groupe 1 terminé par 53
  int [] D= new int[n2+1];     // pour le groupe 2 terminé par 53
  int i,j;                     // indices i pour balayer G et j pour
    D
  for (i=0;i<n1;i++)           // copie du groupe 1
    G[i]=tab[p+i];
  G[n1]=53;                    // ajout d'une valeur terminale
  for (j=0;j<n2;j++)           // copie du groupe 2
    D[j]=tab[q+j+1];
  D[n2]=53;                    // ajout d'une valeur terminale
  i=0; j=0;                    // fusion
  for (int k=p;k<=r;k++)
    if (G[i]<=D[j]) {
      tab[k]=G[i];
      i++;
    } else {
      tab[k]=D[j];
      j++;
    }
}
```

Retour sur l'exercice I4 Tri fusion : (le `main`)

```
void main(){
  int[] cartes = {25,1,33,52,29,31,24,28,5,34};
  triFusion(cartes,0,9);
  for (int i=0;i<10;i++) print(cartes[i]+" ");
}
```

Retour sur l'exercice I5 Recherche dichotomique

```
int recherche(int [] tab, int val) {
  int min=0, max=tab.length-1, test=-1;
  while (min<=max) {
    test = (min+max+1)/2;            // Indice de la valeur à
    comparer
    if (tab[test]<=val) min=test+1;
    if (tab[test]>=val) max=test-1;
  }
  if (tab[test]==val) return test;
  else  return -1;
}
```

Remarque : dans `test = (min+max+1)/2;`, le «`+1`» est là pour respecter la définition de la médiane prise dans les explications mais n'est pas indispensable (la médiane n'est pas unique).

Retour sur l'exercice I6 Tri par dénombrement

1. En suivant les indications, on obtient une boucle par étape :

```
int [] triDenombrement(int[] tab) {
  int [] effectifs = new int[53];
  for (int k=0;k<53;k++)
    effectifs[k]=0;
  for (int i=0;i<tab.length;i++)
    effectifs[tab[i]]++;
  for (int k=1;k<53;k++)
    effectifs[k]=effectifs[k]+effectifs[k-1];
  int [] tri = new int[tab.length];
  for (int i=0;i<tab.length;i++)
    tri[effectifs[tab[i]]-1]=tab[i];
  return tri;
}
```

2. Pour tenir compte d'éventuels doublons, il suffit de modifier la dernière boucle :

```
  for (int i=0;i<tab.length;i++) {
    tri[effectifs[tab[i]]-1]=tab[i];
    effectifs[tab[i]]--;
  }
```

En effet, on a défini la position de chaque carte en cumulant le nombre de ces cartes avec celles de valeurs inférieures. Si une valeur v en double dans le tableau de départ devait se positionner sur les indices k et $k+1$ dans le tableau trié, l'effectif cumulé pour la valeur v serait $k+1$. Au premier rangement de v il serait mit à l'indice $k+1$. Pour qu'au deuxième rangement il complète bien l'indice k, il suffit de décrémenté son effectif cumulé.

Travaux dirigés (J)

Réseaux

Réseaux

Un réseau est un ensemble de matériels, connectés de manière à pouvoir échanger des données numériques.

On distingue différents types de réseaux selon leurs tailles (nombre de matériels connectés) et leur structure (façon de les connecter). Nous supposerons notre ordinateur dans un réseau local, arborescent, relié à internet, c'est-à-dire un réseau étendu, à structure maillée (graph) :

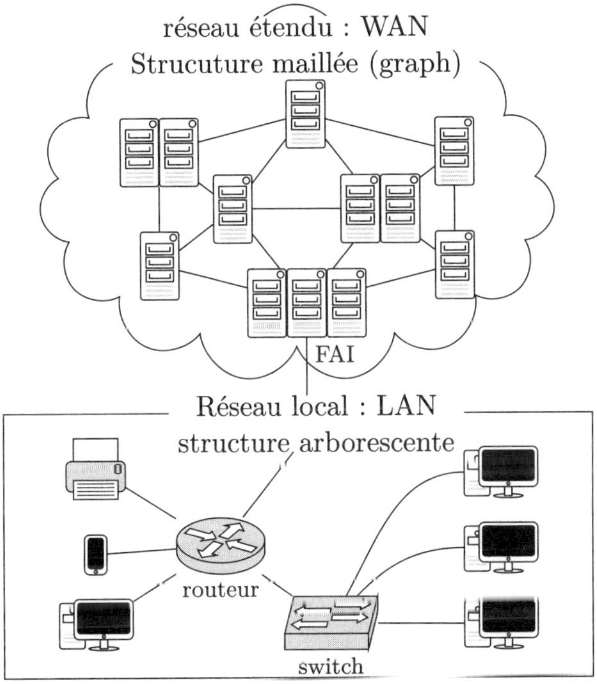

LAN / WAN

Un LAN : *Local Area Network*, est un réseau à petite échelle, pour une petite entreprise, une salle informatique ou un particulier. On parle parfois d'*intranet*. Il est souvent constitué d'un routeur pour l'accès vers l'extérieur et de répartiteurs (switch).

Un WAN : *Wide Area Network*, est un réseau qui relie le plus souvent d'autres réseaux de tous types entre eux, à l'échelle d'un pays, ou du monde. Pour se connecter à *internet* on passe par un fournisseur d'accès (FAI).

Pour se repérer dans un réseau, chaque matériel possède une adresse propre : *adresse IP*. De plus pour échanger des informations, ils doivent partager un même mode de communication appelé *protocole*.

1 - Adresses

Adresse MAC (Raccourci : @mac)
L'adresse MAC : *Media Access Control* ou adresse physique (Harware address), est un numéro affecté de manière unique dans le monde à tout matériel de connexion à un réseau.

Elle est constituée de 48 bits (6 octets), généralement représentée sous la forme hexadécimale, en séparant chaque octet par un double point.

Ex. J1 *Déterminer l'adresse MAC de votre carte réseau, à l'aide de la commande* `ifconfig` *(*interface configurator*) sous Linus ou Mac ou la commande* `ipconfig /all` *sous windows.*

Ce numéro est utilisé par le routeur pour identifier chaque matériel (c'est le nom du matériel). Un autre numéro : une adresse IP est affectée à chacun (comme un numéro de téléphone) pour pouvoir communiquer.

Adresse IP (Raccourci : @ip)
L'adresse IP : *Internet Protocol* ou adresse réseau, est un numéro affecté de manière plus ou moins provisoire à un matériel sur un réseau pour pouvoir communiquer sur ce réseau.

Elle est constituée (dans sa version 4) de 32 bits (4 octets) et est généralement représentée sous la forme décimale en séparant chaque octet par un point.

C'est le routeur de la box qui définit les adresses réseaux de notre LAN (192.168.1.1 par exemple pour une box) et c'est le FAI qui définit l'adresse réseau de la box sur internet.

Ex. J2 *Déterminer l'adresse IP de votre ordinateur sur le LAN ainsi que celle d'un autre ordinateur sur le même LAN avec lequel vous souhaitez communiquer.*

2 - Protocole TCP/IP

Modèle TCP/IP

Le modèle TCP/IP définit une procédure de transport des données à travers un réseau. Il est défini à travers différentes couches.

Le TCP (*Transmission Control Protocol*) est le protocole de contrôle de la transmission correspondant à la couche *Transport* de ce modèle.

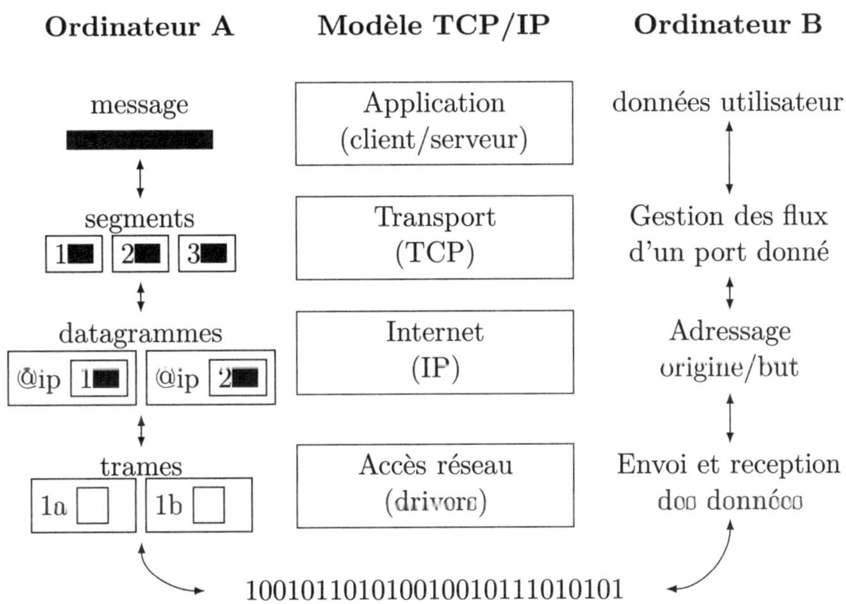

- ⋆ **Application.** Le message est constitué par l'utilisateur et formaté par et pour un logiciel.
- ⋆ **Transport.** Le message est segmenté en vu de son transfert par flux de données. Les ports de communication sont spécifiés.
- ⋆ **Internet.** Les adresses IP d'origine et de but sont spécifiés. C'est la couche qui détermine la route sur le réseau.
- ⋆ **Accès réseau.** Découpage en trames de données (manipulables par les cartes réseaux, switch, ...) et acheminement en bits de données sur le réseau physique (cables, fibre optique,...).

Dans la pratique, avec Java's Cool (proglet javaProg) nous aurons besoin de définir un message, un port de communication, une adresse hôte et une adresse cible. Le reste sera géré par le matériel lui-même.

3 - Socket

Socket

Pour utiliser le protocole TCP/IP avec Java's Cool, on utilise un *socket*. Cet objet permet la connexion avec une machine distante ainsi que l'envoi et la réception de *datagrammes*. On spécifiera simplement une IP et un port.

Pour établir une liaison réseau, il suffit d'instancier un socket avec une adresse IP (ou dans l'exemple ci-dessous un nom de domaine) et un port (ci-dessous, le port 80, réservé au http) :

```
Socket socket = new Socket("www.creations-numeriques.fr", 80);
```

Bien sûr, il faut importer la bibliothèque correspondante. De plus, on doit inclure cette commande dans un `try { /*...*/ }`, et gérer les envois d'éventuelles erreurs dans un `catch ( ){ /*...*/ }`. Enfin, qu'il y ait eu une erreur ou non, on doit fermer la connexion. C'est ce que l'on fait dans `finally { /*...*/ }` :

```
import java.net.Socket;
import java.net.UnknownHostException;
import java.io.IOException;

void main() {
  Socket socket = null;
  try {
    socket = new Socket("www.creations-numeriques.fr", 80);
  }
  catch(UnknownHostException e) { println(e); }
  catch(IOException e) { println(e); }
  finally {
    if(socket!=null)
      try {socket.close();}
      catch(IOException e){ println(e); socket=null; }
  }
}
```

Ex. J3 *Recopier et tester le programme précédent.*
Ajouter un `println(socket);` *pour vérifier la connexion.*

Pour pouvoir réellement communiquer avec la machine distante, il faut qu'un serveur (HTTP, FTP, ...) soit en attente d'une commande et il faut connaître le type de commande accepté. Connaître les commandes associées à des serveurs spécifiques n'est pas le sujet ici. Nous allons ouvrir notre propre serveur pour communiquer sur notre LAN.

4 - Serveur/Client

Du côté serveur, il faut définir un socket de type serveur, qui aura la particularité de pouvoir être en attente d'une communication extérieure.

La première chose à faire est de choisir le port.

- ⋆ Les ports 0 à 1023 sont les ports spécifiés par l'IANA (Internet Assigned Numbers Authority). (21 : FTP ; 80 : HTTP ; 443 : HTTPS ; ...)
- ⋆ Les ports 1024 à 49151 sont appelés ports enregistrés.
- ⋆ Les ports 49152 à 65535 sont les ports dynamiques (ou privés).

Fixons par exemple pour notre serveur :

```
final int port = 12345;
```

On définit alors un socket serveur par la commande :

```
ServerSocket server = new ServerSocket(port);
```

Et on le met en attente d'un client par la commande :

```
Socket client = server.accept();
```

Serveur minimum :

```
import java.net.Socket;
import java.net.ServerSocket;
import java.net.UnknownHostException;
import java.io.IOException;

final int port = 12345;
ServerSocket server = null;
Socket client = null;

void main() {
  try {
    server = new ServerSocket(port);
    println("Serveur ouvert, en attente d'un client.");
    client = server.accept();
    println("Client : "+client.getInetAddress());
    client.close();
    println("Serveur fermé.");
    server.close();
  }
  catch(UnknownHostException e) { println(e); }
  catch(IOException e) { println(e); }
  finally { client=null; serveur=null; }
}
```

Ex. J4 *Écrire le programme côté client pour se connecter à ce serveur et tester la communication entre deux ordinateurs d'un LAN.*

Maintenant que la connexion est établie, il reste à échanger les données. On utilise pour cela les objets `OutputStream` et `InputStream`.

5 - Lecture/écriture de flux

Résumé de la situation :

Serveur

(1) Enregistrer le service

```
server = new ServerSocket(port);
```

(2) Attendre un client

```
client = server.accept();
```

Client

(3) Établir une connexion

```
requete = new Socket(hote,
    port);
```

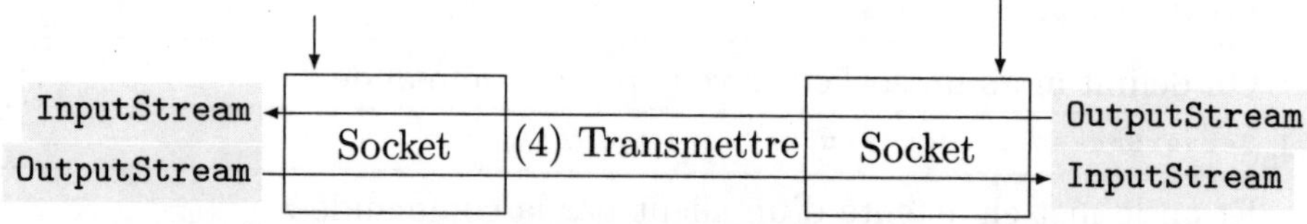

(5) Fermer les Sockets

```
client.close();
server.close();
```

```
requete.close();
```

Il reste donc plus qu'à savoir utiliser les flux entrant et sortant. Ces flux sont une suite d'octets : des nombres de type **`byte`**.

⋆ Pour réceptionner une ligne d'un message entrant, on peut écrire :

```
// On obtient un flux d'entrée (en byte) avec :
InputSteam in = socket.getInputStream();
// On le convertit en flux de char :
InputSteamReader lecteur = new InputStreamReader(in);
// Puis en flux avec tampon, pour lire ligne par ligne :
BufferedReader message = new BufferedReader(lecteur);
// On peut alors lire une ligne sur ce flux :
String ligne = message.readline();
```

Remarque : une fois ces conversions de flux faites, il suffit de réécrire `ligne = message.readline();` pour continuer à lire le flux.

⋆ Pour envoyer une ligne d'un message sortant, on peut écrire :

```
// On obtient un flux de sortie (en byte) avec :
OutputSteam out = socket.getOutputStream();
// On obtient un flux pour les chaînes de caractères :
PrintWriter message = new PrintWriter(out);
// On écrit une ligne du message (String srt)
message.println(str);
// On valide son envoi sur le réseau
message.flush();
```

Ex. J5 *Modifier les programmes précédents pour que le serveur envoie le message «* `Bonjour.` *» au client qui se connecte, et pour que le client affiche le message reçu.*

- Solutions des exercices

Retour sur l'exercice J1 Adresse MAC

Dans le « terminal » d'ubuntu, par exemple, en tapant la commande `ifconfig`, on trouve l'information sous la dénomination : « `HWaddr` ».

Remarque : On peut donc extraire les lignes d'information souhaitées en tapant la commande :

```
ifconfig -a | grep HWaddr
```

Exemple : `f8:0f:41:50:ac:92`

Dans l'invite de commande, ou « PowerShell » de windows (clic droit sur le bouton du menu principal), en tapant la commande `ifconfig /all`, on trouve l'information sous la dénomination : Adresse physique.

Exemple : `f8-0f-41-50-ac-92`

Retour sur l'exercice J2 Adresse IP

Dans le « terminal » d'ubuntu, par exemple, en tapant la commande `ifconfig`, on trouve l'information sous la dénomination : « `inet adr` ».

Exemple : 192.168.1.72

Dans l'invite de commande, ou « PowerShell » de windows, en tapant la commande `ifconfig`, on trouve l'information sous la dénomination : Adresse IPv4.

Exemple : 192.168.1.72

Retour sur l'exercice J3 Test socket

Sans le `println(socket);`, si tout se passe bien, on n'obtient aucun retour. Mais si on change par exemple "www.creations–numeriques.fr" par "www.c–n.fr" une erreur est affichée.

Avec le `println(socket);` on obtient un affichage du type :

```
Socket[addr=www.creations-numeriques.fr/213.186.33.50,
    port=80,localport=59312]
```

On constate que le nom "www.creations–numeriques.fr" est associé à une adresse IP et que le socket a choisi seul un port de sortie pour communiquer.

Retour sur l'exercice J4 Client

Il suffit de modifier l'adresse et le port dans le programme de connexion par Socket déjà vu :

```
import java.net.Socket;
import java.net.UnknownHostException;
import java.io.IOException;

final int port = 12345;
final String serveur = "192.168.1.72";
Socket requete = null;

void main() {
  try {
    requete = new Socket(serveur, port);
  }
  catch(UnknownHostException e) { println(e); }
  catch(IOException e) { println(e); }
  finally {
    if(requete!=null)
      try {requete.close();}
      catch(IOException e){ println(e); requete=null; }
  }
}
```

Retour sur l'exercice J5 Serveur « Bonjour »

Le serveur :

```
import java.net.Socket;
import java.net.ServerSocket;
import java.net.UnknownHostException;
import java.io.IOException;
import java.io.PrintWriter;

final int port = 12345;
ServerSocket serveur = null;
Socket client = null;
PrintWriter out = null;

void main() {
  try {
    serveur = new ServerSocket(port);
    println("Serveur ouvert, en attente d'un client.");
    client = serveur.accept();
    println("Client : "+client.getInetAddress());
    out = new PrintWriter(client.getOutputStream());
    out.println("Bonjour.");
    out.flush();
    client.close();
    println("Serveur fermé.");
    serveur.close();
  }
  catch(UnknownHostException e) { println(e); }
  catch(IOException e) { println(e); }
  finally { client=null; serveur=null; }
}
```

Le client :

```
import java.net.Socket;
import java.io.InputStreamReader;
import java.io.BufferedReader;

final int port = 12345;
final String serveur = "192.168.1.72";
Socket requete = null;

void main(){
  String messerveur=null;
  BufferedReader in = null;
  try {
    requete = new Socket(serveur,port);
    in = new BufferedReader(new
                 InputStreamReader(requete.getInputStream()));
    println("En attente du serveur");
    messerveur = in.readLine();
    println("Message du serveur : "+messerveur);
    requete.close();
  } catch (Exception e) { println(e);}
  finally { requete=null;}
}
```

Remarque : Dans un soucis de concision, on a simplifié ici la détection d'erreur en n'utilisant qu'un seul **try/catch()** mais ce code peut (devrait) être précisé.

Deuxième partie

Mini-projets

Introduction

Le but de cette partie est de présenter et détailler quelques « mini-projets ». Un certain nombre sont volontairement axés sur une notion d'algorithmique ou de programmation non encore étudiée, d'autres sont basées sur des modélisations physiques ou mathématiques. Préambules au projet final qui doit être personnel, le but est de bien préparer le terrain, selon les choix à faire.

Ces mini-projets sont présentés avec leurs solutions en Java's cool (et la troisième partie de ce livre propose un résumé de ces solutions sous forme de morceaux de programme à copier/coller/adapter). Elles sont disponibles sur le site de la collection du livre à l'aide des CODE qui seront présents sur fond gris.

Pour essayer de classifier un peu ces mini-projets, des icônes sont présentes sur la page de présentation.

* 

  Symbolise la proglet dans laquelle le programme sera le plus facile à écrire.

* 

  Symbolise la taille du groupe la mieux adaptée.

* 

  Indique la difficulté estimée (1 : faisable sans aide, 2 : apport de nouvelles connaissances, 3 : plus difficile ou demandant plus de rapidité)

Ces mini-projets sont proposés avec une répartition possible des tâches et des objectifs personnels. Des exercices et leurs solutions détaillent les étapes d'une résolution possible des différentes difficultés pouvant être rencontrées.

Mini-projets (K)

L'art ASCII

L'art ASCII est l'art de concevoir des images en utilisant uniquement les caractères ASCII. Les plus connus sont sans doute les petits smileys n'utilisant que quelques caractères sur une seule ligne (image souvent à 90 °) :

`:)`	`:'(`	`;)`	`:D`	`XD`	`:p`	
content	triste	clin d'œil	rire	mort de rire	tire la langue	...

Cet art s'est développé dans différentes directions. Un autre exemple :

```
     .8o.          8,              .8o.     .88888o.  .88888o.  "8888"  "8888"
    .8"88.    0.   888o           .8"88.    8Eo.   '"  88"   '"   88      88
   .8ooo88.  '888'  8            .8ooo88.   '888888.   88         88      88
  .8'   '88.  8'  8   8         .8'   '88.  o.   '"38  88.    .o   88      88
 o8'     '88o8'   '88o'8o8'    o8'     '88o "888888'  '88ooo8"  o8888o  o8888o
```

Objectif général
Le but de ce mini-projet est de programmer un logiciel auquel on pourrait fournir une image matricielle et qui produirait un texte ASCII représentant cette image, en se limitant à l'utilisation de caractères choisis entre le 32^{e}(espace) et le 126^{e}(~).

Si deux personnes sont liées à ce mini-projet, on pourra commencer par un découpage du projet comme suit :

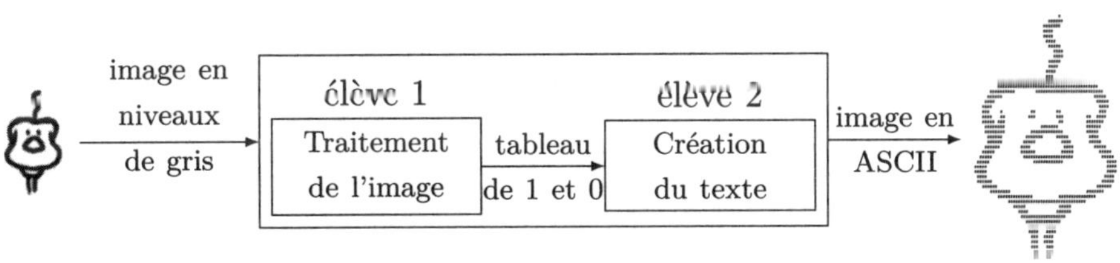

Si trois personnes sont liées à ce mini-projet, on pourra ajouter une étape pour traiter les images en couleur :

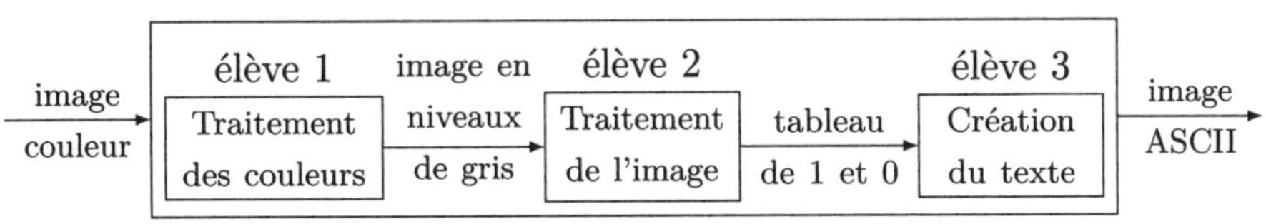

Quel que soit le nombre de personnes liées au mini-projet, chacun devra pouvoir expliquer le fonctionnement général de la production finale. De plus, chacun devra avoir fait une recherche sur le droit lié à l'utilisation et à la publication d'images.

1 - Traitement des couleurs

Objectif 1

Le but de cette partie est de concevoir la fonction suivante :
`void niveauxDeGris(int num1, int num2)`

- ⋆ `num1` est le numéro de l'image à traiter (en couleur).
- ⋆ `num2` est le numéro de l'image traitée en niveaux de gris.

On rappelle qu'une image (matricielle) est composée de pixels localisés par leurs numéros de colonne et de ligne et définies par une couleur codée sur 4 octets : `couleur =` $\underbrace{\texttt{0000 0000}}_{\text{transparence}}\underbrace{\texttt{1100 1011}}_{\text{rouge}}\underbrace{\texttt{1010 1001}}_{\text{vert}}\underbrace{\texttt{1011 0010}}_{\text{bleu}}$

On récupère chaque composante par un décalage et un masque :

```
R = (couleur>>16)&0xFF;
V = (couleur>>8)&0xFF;
B = couleur&0xFF;
```

On obtient : `R = 203`, `V = 169` et `B = 178`.

Pour transformer cette couleur en gris, on en fait la moyenne :

$\dfrac{203+169+178}{3} \approx 183$, en binaire : `1011 0111`

On affecte ce résultat à chaque composante RVB :

`1011 0111 1011 0111 1011 0111`

On obtient du gris.

Ex. K1 *Écrire la fonction :* ***`int gris(int couleur)`*** *qui renvoie la couleur (un niveau de gris) dont toutes les composantes (Rouge, Verte, Bleue) sont égales à la moyenne de celles de* ***`couleur`****.*

Pour la suite, on rappelle que la proglet « détectionForme » fournit les fonctions suivantes :

- ⋆ **`int getImageWidth(int num)`** : Largeur de l'image.
- ⋆ **`int getImageHeight(int num)`** : Hauteur de l'image.
- ⋆ **`void createImage(int num, int width, int height)`** :
  Définit l'image `num` par ses dimensions.
- ⋆ **`int getPixelColor(int num, int x, int y)`** :
  Renvoie la couleur du pixel de l'image `num`, colonne `x`, ligne `y`.
- ⋆ **`void setPixel(int num, int x, int y, int c)`** :
  Définit le pixel de l'image `num`, colonne `x`, ligne `y` avec la couleur `c`.

Ex. K2 *A l'aide de la fonction de l'exercice précédent, répondre à l'objectif.*

2 - Traitement de l'image

Objectif 2

Le but de cette partie est de concevoir la fonction suivante :
`int [][] traitement(int num, int seuil)`

- ⋆ `traitement` renvoie un tableau de la taille de l'image contenant uniquement des 1 (noir) et des 0 (blanc).
- ⋆ `num` est le numéro de l'image à traiter en niveaux de gris.

Comme un gris a ses trois composantes RVB égales, on pourra écrire :

```
int gris = couleur&0xFF;
```

Pour décider entre 0 (blanc) ou 1 (noir) il faut choisir un seuil :

```
Si gris<seuil alors 0
Sinon 1
```

Ex. K3 *Écrire la fonction :*
`int noirOuBlanc(int gris, int seuil)`
Elle renvoie 0 ou 1 selon si le niveau de gris de la couleur définie par l'entier `gris` est inférieure à `seuil` ou non.

Pour la suite, on rappelle que la proglet « détectionForme » fournit les fonctions suivantes :

- ⋆ `int getImageWidth(int num)` : Largeur de l'image.
- ⋆ `int getImageHeight(int num)` : Hauteur de l'image.
- ⋆ `int getPixelColor(int num, int x, int y)` :
  Renvoie la couleur du pixel de l'image `num`, colonne `x`, ligne `y`.

Ex. K4 *En utilisant la fonction de l'exercice précédent, répondre à l'objectif.*

3 - Création du texte

Objectif 3

Le but de cette partie est concevoir la fonction suivante :
`void artASCII(int [][] imageTab)`

- ⋆ `imageTab` est un tableau de 1 et de 0.
- ⋆ `artASCII` affiche ce tableau en remplaçant 0 par un caractère « blanc » et 1 par un caractère « noir ».

Comme on a besoin de deux caractères : un noir et un blanc, la première étape consiste à choisir quels caractères utiliser. Pour le caractère blanc il suffit de prendre l'espace : " ", mais pour l'autre, on va essayer de ne pas trop choisir au hasard...

Ex. K5 *Écrire une fonction qui affiche tous les caractères ASCII du 32e au 126e : un différent par ligne mais 20 fois le même sur chaque ligne.*

Avec cette fonction, choisir le caractère noir (en regardant le résultat).

(Cette recherche devra être explicitée dans la soutenance)

Ex. K6 *Répondre à l'objectif 3*

Les pixels sont carrés mais les caractères rectangulaires. Les tests de la fonction précédente doivent rendre compte de ce problème. Pour y répondre, on pourra dans une première approximation ne traiter qu'une ligne sur deux du tableau.

Pour affiner le rendu on pourra prendre en compte deux lignes consécutives simultanément - $\begin{array}{|c|}\hline 0\\\hline 0\\\hline\end{array}$, $\begin{array}{|c|}\hline 1\\\hline 0\\\hline\end{array}$, $\begin{array}{|c|}\hline 0\\\hline 1\\\hline\end{array}$ ou $\begin{array}{|c|}\hline 1\\\hline 1\\\hline\end{array}$ - et choisir pour chaque couple possible le caractère le mieux adapté.

- Finalisation

Pour terminer ce mini-projet il reste à écrire le programme principal pour lier toutes ces fonctions. Pour préparer la soutenance il est également essentiel de s'intéresser aux droits liés à l'utilisation et à la publication d'images.

Pour une solution complète du mini-projet, utiliser le code : ASCII

On pourra, pour un projet, tenir compte de l'image par blocs de pixels plutôt que par pixels, créer une base de données de caractères correspondant à différents agencements de pixels...

On pourra également s'intéresser aux photos-mosaïques : une image constituée non plus de caractères mais d'autres images.

- Solutions des exercices

Retour sur l'exercice K1 Fonction `gris()`

```
int gris(int couleur){
  int rouge = (couleur>>16) & 0xFF;
  int vert  = (couleur>>8)  & 0xFF;
  int bleu  =  couleur      & 0xFF;
  int niveau= (rouge+vert+bleu) / 3;
  return (niveau<<16)|(niveau<<8)|niveau;
}
```

Retour sur l'exercice K2 Fonction `niveauxDeGris()`

On recopie l'image 1 sur la 2 en utilisant la fonction précédente.

```
void niveauxDeGris(int num1, int num2) {
   int large=getImageWidth(num1);
   int haut=getImageHeight(num1);
   createImage(2, large, haut);
   for (int l =0; l < haut; l ++)
      for (int c =0; c < large; c ++)
        setPixel(2, c, l, gris(getPixelColor(1, c, l)));
}
```

Retour sur l'exercice K3 Fonction `noirOuBlanc()`

```
int noirOuBlanc(int couleur, int seuil) {
  int valeur = 0;
  if ((couleur&0xFF)<seuil) valeur = 1;
  return valeur;
}
```

Retour sur l'exercice K4 Fonction `traitement()`

```
int [][] traitement(int num, int seuil) {
   int large=getImageWidth(num);
   int haut=getImageHeight(num);
   int [][] resultat = new int [haut][large];
   for (int l =0; l < haut; l ++)
      for (int c =0; c < large; c ++)
        resultat[l][c] = noirOuBlanc(getPixelColor(num, c,
    l),seuil);
   return resultat;
}
```

Retour sur l'exercice K5 Choix d'un caractère noir

```
void choixDeCaractere() {
  for (int caractere =32; caractere < 127; caractere ++) {
    for (int i =0; i < 20; i ++)
      print((char)caractere);
    println();
  }
}
```

Retour sur l'exercice K6 fonction artASCII()

```
void artASCII(int [][] imageTab) {
  for (int l =0; l < imageTab.length; l ++) {
       for (int c =0; c < imageTab[l].length; c ++) {
         if (imageTab[l][c] == 1) print("#");
         else print(" ");
      }
      println();
   }
}
```

Mini-projets (L)

Un livre jeu

Un livre-jeu est un livre dont l'histoire peut prendre différents cours selon les choix du lecteur qui en est le héros. Parfois, ces choix peuvent être liés au hasard. Le principe est que chaque partie possible de l'histoire est numérotée et que chaque choix renvoie à un de ces numéros.

Une histoire minimale pouvant servir de test :

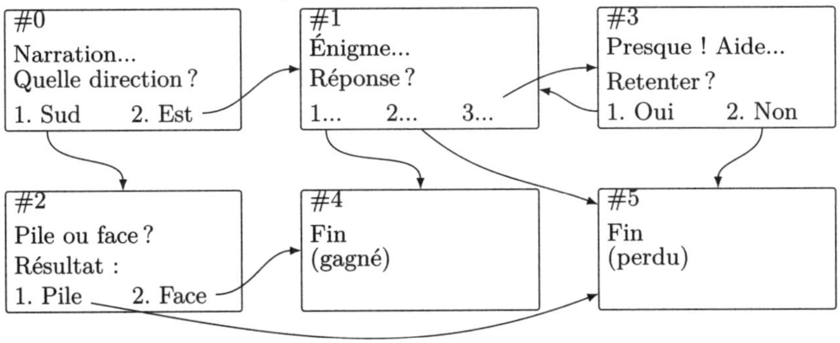

Objectif général

Le but de ce mini-projet est de simuler un livre jeu. Une partie de l'histoire s'affiche. Un choix est laissé à l'utilisateur. Le logiciel s'occupe des liens entre ces choix et les autres parties du livre.

On suppose ici que le hasard (pile ou face, un lancé de dé) est fait par l'utilisateur lui-même. Chaque page du livre contient : une narration (`String`), des choix (`String []`) et des liens de ces choix vers une autre page (`int []`). Pour ce mini-projet, on apprendra la structure de *classe* qui permet (entre autres) de réunir plusieurs types sous un même nom.

Le mini-projet pourra alors se répartir comme suit :

Élève 1	Élève 2
Constructeurs de la classe Écriture des données	Méthodes de la classe Boucle principale

L'histoire minimale ci-dessus peut être modifiée à loisir, mais ce n'est pas le but de ce mini-projet.

1 - Définition de la classe *page*

Objectif 1

Cet objectif est commun à tous : comprendre la définition et l'utilisation d'une classe à travers un exemple simple.

Imaginons que l'on veuille programmer un logiciel pour traiter des informations clients : nom, nombre de commandes, montant moyen des commandes...

On pourra réunir toutes ces informations dans une *classe* : client.

```
class client {
  //attributs de la classe :
  String nom;
  int nombreCommandes;
  double montantMoyen;
}
```

On peut alors, dans le main, créer une instance de cette classe et avoir accès à ses *attributs* en utilisant le « . » :

```
void main(){
  client toto=new client();
  toto.nom="Toto";
  print(toto.nom);
}
```

Ex. L1 *Écrire sur ce modèle une* classe *minimale* `page` *pour le mini-projet avec ses attributs.*

En plus de ses attributs, une classe contient des méthodes : des fonctions spécifiques qui s'appliquent aux instances de la classe. Par exemple, si un client déjà connu passe commande, on doit pouvoir mettre ses attributs à jour :

```
class client {
// ...suite de la précédente :
// Méthodes de la classe :
  void commande(int valeur) {
    int n = this.nombreCommandes;
    double m = this.montantMoyen;
    this.montantMoyen=(n*m+valeur)/(n+1);
    this.nombreCommandes++;
  }
}
```

À l'intérieur de la définition de la classe, l'instance en cours d'utilisation est défini par le mot clef `this`.

Là où est définie l'instance, on utilise son nom de variable :

```
void main(){
  client toto=new client();
  toto.nom="Toto";
  toto.nombreCommandes=5;
  toto.montantMoyen=34.15;
  toto.commande(27);
  print(toto.montantMoyen);
}
```

Ex. L2 *Écrire une méthode pour votre* classe `page` *permettant de connaître le nombre de choix possibles pour l'utilisateur.*

2 - Constructeurs

Objectif 2

Le but de cette partie est d'écrire les constructeurs de la classe et de les utiliser pour écrire les données.

Pour éviter qu'en utilisant une *classe* on fasse n'importe quoi avec les attributs (provoquant des erreurs dans les méthodes), on en empêche l'accès direct avec le mot-clef **`private`**. Pour l'exemple `client`, cela donne :

```
class client {
  //attributs de la classe :
  private String nom;
  private int nombreCommandes;
  private double montantMoyen;
}
```

On ne peut alors plus utiliser `toto.nom`, `toto.nombreCommandes`,... dans le main. Pour construire une instance de `client`, on a alors besoin d'une méthode spécifique appelée *constructeur* : obligatoirement déclarée avec le mot-clef **`public`**, sans type et du même nom que la classe. Exemple :

```
// Constructeur de la classe :
  public client(String nom, int nb, int m) {
    this.nom=nom;
    this.nombreCommandes=nb;
    this.montantMoyen=m;
  }
```

Ex. L3 *Écrire sur ce modèle les attributs et un constructeur pour la classe* `page`. *Celle-ci doit en particulier vérifier que les deux tableaux (de choix et de liens) ont la même taille !*

Écrire en plus pour cette classe, un constructeur avec seulement le nom en paramètre.

Cette classe étant **public**, elle peut être utilisée dans le main :

```
client toto = new client("Toto",5,34.15);
```

Ex. L4 *Répondre à l'objectif 2.*
(On créera un tableau de pages : `page [] livre = new page[6]`*.)*

3 - Les méthodes

Objectif 3

Le but de cette partie est d'écrire les méthodes de la classe et de les utiliser pour écrire la boucle principale du jeu.

La boucle principale de l'algorithme du livre-jeu ressemble à :

```
La page est la première page.
Tant qu'il y a un choix sur la page :
 |  Affiche la page.
 |  Demande un choix à l'utilisateur.
 |  La page devient la page liée au choix.
Affiche la page (de fin).
```

a) La condition d'arrêt

La condition d'arrêt dépend du nombre de choix offerts par la page (le jeu est fini s'il n'y a plus de choix). Une méthode a déjà été écrite précédemment pour connaitre ce nombre.

b) L'affichage

Pour afficher une page, l'idée est de n'écrire qu'une ligne dans le main : « `print(maPage);` ». La fonction `print()` appliquée à une classe utilise par défaut la méthode `toString()` qu'il suffit donc de redéfinir :

Dans la classe (précédée de `@Override` pour prévenir le compilateur que l'on souhaite redéfinir une méthode connue) :

```
@Override
public String toString() {
  return "test";
}
```

Puis dans le main :

```
page pagetest = new page();
print(pagetest);
```

Ex. L5 *Réécrire la méthode* `toString()` *de la classe* `page` *pour qu'elle renvoie le contenu complet de l'affichage de la page : la narration et la proposition des choix numérotés à partir de 1.*

c) La page liée au choix

En tenant compte du fait que les choix et les liens pour chaque page sont définis dans des tableaux donc indicés à partir de 0 alors que les choix proposés le sont à partir de 1 :

Ex. L6 *Écrire la méthode* `int suite(int choix)` *qui renvoie le lien (indice de la page) correspondant au* `choix` *de l'utilisateur.*

- Finalisation

Pour terminer ce mini-projet, il reste à lier ce que chacun a écrit. Pour préparer la soutenance il est également essentiel de bien pouvoir expliquer chaque nouveau mot-clef utilisé (autour de la notion de classe).

Pour une solution complète du mini-projet, utiliser le code : LIVRE .

On pourra, pour un projet, s'intéresser à la lecture et à l'écriture d'un fichier texte indépendant du programme permettant d'écrire différentes histoires.

On pourra aussi chercher à introduire des choix liés au hasard et non seulement proposés à l'utilisateur.

L'histoire pourrait aussi être personnalisée avec le nom de l'utilisateur.

- Solutions des exercices

Retour sur l'exercice L1 La classe page minimale : juste ses attributs

```
class page {
// Les attributs d'une page
  String narration;
  String [] choix;
  int [] liens;
}
```

Retour sur l'exercice L2 Méthode pour le nombre de choix

```
// Nombre de choix possibles en fin de page
  public int possibles() {
    return this.liens.length;
  }
```

Retour sur l'exercice L3 Constructeurs de la classe page

```
// Constructeur d'une page finale (sans choix)
  public page(String txt)  {
    this.narration = txt;
    this.choix = new String[0];
    this.liens = new int[0];
  }

// Constructeur d'une page complète
  public page(String txt,String [] possibles, int [] liens) {
  // Si les tableaux n'ont pas la même taille
    if(liens.length!=possibles.length) {
    // Costruction d'une page finale
      this.narration = txt+"\n erreur dans les choix";
      this.choix = new String[0];
      this.liens = new int[0];
    }
  // Sinon tout va bien
    else {
    // Construction de la page
      this.narration = txt;
      this.choix = possibles;
      this.liens = liens;
    }
  }
```

Retour sur l'exercice L4 Définition du livre dans le main

```
page [] livre = new page [6];
String [] possibles = new String[0];
int [] liens = new int[0];

possibles = new String[] {"Sud","Est"};
liens = new int[] {2,1};
livre[0]=new page("Narration...\nQuelle direction
  ?",possibles,liens);
possibles = new String[] {"...","...","..."};
liens = new int[]{4,5,3};
livre[1]=new page("Enigme.\nRéponses ?",possibles,liens);
possibles = new String[] {"Pile","Face"};
liens = new int[]{5,4};
livre[2]=new page("Pile ou face ?\nRésultat :",possibles,liens);
possibles = new String[] {"Oui","Non"};
liens = new int[]{1,5};
livre[3]=new page("Presque ! Aide...\nRetenter
  ?",possibles,liens);
livre[4]=new page("Fin.\nGagné!");
livre[5]=new page("Fin.\nPerdu!");
```

Remarque : le caractère spécial `\n` utilisé dans les chaines de caractères force un passage à la ligne. (Utile quand on ne peut pas utiliser directement la fonction `println()` !)

Retour sur l'exercice L5 Définition de `toString()`

```
// Méthode toString() pour l'affichage
  @Override
  public String toString() {
    // La narration
    String affichage = this.narration;
    // Les choix numérotés à partir de 1
    for (int i=0;i<this.choix.length;i++)
      affichage = affichage+"\n"+(i+1) + ". " + this.choix[i];
    return affichage;
  }
```

Retour sur l'exercice L6 Lien de la page choisie

```
// Numéro de la page suivante d'après le choix de l'utilisateur
  public int suite(int choix) {
    return liens[choix-1];
  }
```

Mini-projets (M)

Le compte est bon

Il s'agit d'un jeu dont le déroulement est le suivant :

On tire au hasard 6 plaques parmi 24 inscrites des nombres 1 à 10 en double exemplaire et des nombres 25, 50, 75 et 100 en simple exemplaire. On tire également au sorts trois chiffres $1 \leqslant A \leqslant 9$, $0 \leqslant B \leqslant 9$ et $0 \leqslant C \leqslant 9$.

Le but du jeu est de s'approcher au plus prêt possible du nombre ABC (écriture décimale) en n'utilisant qu'au plus une fois chacun des six nombres et en se restreignant aux nombres entiers et aux opérations : somme, différence, produit et division.

Objectif principal

Le but de ce mini-projet est de construire une partie et de permettre de la jouer, le joueur pouvant indiquer successivement les nombres et opérations voulues.

On pourra découper ce mini projet en deux :

Une personne devra construire une partie, c'est-à-dire écrire les fonctions qui permettent les différents tirages au sorts de nombres en respectant les règles du jeu.

L'autre personne devra permettre et contrôler les différents choix du joueur (choix de nombres dans une liste et choix d'une opération).

Enfin les deux personnes devront mettre en commun leurs fonctions pour pouvoir écrire le programme principal.

Élève 1	Élève 2
Construction d'une partie	Choix du joueur

1 - Construction d'une partie

Objectif 1

L'objectif de cette partie est de mettre en place la structure de données et de l'initialiser selon les règles énoncées.

Le score à atteindre

Le nombre entier ABC est utile pour la comparaison avec les calculs effectués mais il ne semble pas indispensable de garder chaque chiffre A, B et C en mémoire.

Ex. M1 *Écrire une fonction* `alea()` *sans paramètre qui renvoie un nombre à 3 chiffes, chacun choisi aléatoirement.*

Les nombres utilisables

L'algorithme de tirage au sort des nombres utilisables est un peu plus délicat car il s'agit d'un tirage sans remise : les nombres de 1 à 10 ne peuvent être tirés que deux fois et les autres une seule.

Supposons que tous ces nombres soient dans un tableau. Il s'agit de pouvoir mettre ce tableau à jour à chaque tirage.

Ex. M2 *Écrire une fonction* `retire()` *qui prend un tableau et un indice en paramètres et qui renvoie une copie du tableau tronqué de la valeur correspondante à l'indice.*

Ex. M3 *Compléter la fonction ci-dessous pour qu'elle renvoie un tableau contenant un tirage de six valeurs selon les règles du jeu.*

```
int [] tirage() {
  int [] possible =
    {1,1,2,2,3,3,4,4,5,5,6,6,7,7,8,8,9,9,10,10,25,50,75,100};
  int [] valeur = new int[6];
  /*
    ...
  */
  return valeur;
}
```

Test des fonctions

On n'oublie pas de tester chaque fonction. En particulier, on pourra écrire une petite fonction pour afficher les différents tableaux.

2 - Choix du joueur

Objectif 2

L'objectif de cette partie est de permettre et de contrôler les choix du joueur.

On considère déterminé un tableau de valeurs possibles. On pourra prendre comme exemple de travail :

```
int [] valeurs = {25, 2, 3, 6, 10, 6};
```

Ex. M4 *Écrire une fonction* `choisir()` *qui prend un tableau de valeurs en paramètre et qui renvoie l'indice de la valeur choisie par l'utilisateur.*

(La fonction redemande une valeur jusqu'à ce que ce soit effectivement une valeur du tableau).

L'algorithme principal d'un tour de jeu peut alors s'écrire :

```
Choisir une valeur du tableau.
Retirer cette valeur du tableau.
Choisir une opération parmi +, -, * ou /.
Choisir une autre valeur du tableau.
Retirer cette valeur du tableau.
Ajouter au tableau le résultat de l'opération entre les deux
    valeurs.
```

Par exemple dans le tableau `{25, 2, 3, 6, 10, 6}` les choix `25`, `*` et `3` aboutissent au tableau `{2, 6, 10, 6, 75}`.

On peut utiliser la fonction `retire()` déjà écrite dans le premier objectif de ce mini-projet. Reste à écrire la fonction `ajoute()`.

Ex. M5 *Écrire une fonction* `ajoute()` *qui prend en paramètres un tableau de valeurs et une valeur supplémentaire et qui renvoie le tableau regroupant toutes les valeurs.*

Enfin il faut savoir quelle valeur ajouter, le calcul dépendant du choix de l'opération.

Ex. M6 *Écrire une fonction* `calcule()` *qui prend un entier, un caractère* (`'+'`, `'-'`, `'*'`, `'/'`) *et un autre entier en paramètres et qui renvoie le résultat de l'opération.*

- Finalisation

Il reste l'algorithme principal à programmer en le complétant par une boucle pour pouvoir jouer plus d'un tour de jeu. Le programme doit finir après avoir annoncé si le jouer a perdu ou gagné.

Ex. M7 *Écrire le* `main()` *complet pour terminer le mini-projet.*

Pour une solution complète, utiliser le code BONCOMPTE .

- Solutions des exercices

Retour sur l'exercice M1

```
int alea() {
  int A = random(1,10);
  int B = random(0,10);
  int C = random(0,10);
  return 100*A+10*B+C;
}
```

Retour sur l'exercice M2

```
int [] retire(int [] liste, int indice){
  int [] result = new int[liste.length-1];
  for(int i = 0;i<indice;i++) result[i]=liste[i];
  for(int i = indice;i<liste.length-1;i++) result[i]=liste[i+1];
  return result;
}
```

Retour sur l'exercice M3

```
int [] tirage() {
  int [] possible =
    {1,1,2,2,3,3,4,4,5,5,6,6,7,7,8,8,9,9,10,10,25,50,75,100};
  int [] valeur = new int[6];
  int indice = -1;
  for (int i=0;i<6;i++) {
    indice = random(0,possible.length);
    valeur[i] = possible[indice];
    possible = retire(possible,indice);
  }
  return valeur;
}
```

Retour sur l'exercice M4

```
int choisir(int[]valeur) {
  int indice = -1;
  int nombre = -1;
  while (indice<0) {
    nombre = readInt("Quel nombre ? ");
    // Recherche de l'indice correspondant
    for (int i= valeur.length-1;i>=0;i--)
      if (nombre==valeur[i]) indice=i;
  }
  return indice;
}
```

Retour sur l'exercice M5

```
int [] ajoute(int [] liste, int valeur){
  int [] result = new int[liste.length+1];
  for(int i = 0;i<liste.length;i++) result[i]=liste[i];
  result[liste.length]=valeur;
  return result;
}
```

Retour sur l'exercice M6

```
int calcule(int x,char op, int y) {
  int z = -1;
  switch (op) {
    case '+' : z=x+y; break;
    case '-' : z=x-y; break;
    case '*' : z=x*y; break;
    case '/' : z=x/y; break;  // C'est la division euclidienne.
  }                           // (Possibilité de dysfonctionnement.)
  return z;
}
```

Retour sur l'exercice M7

```
void main(){
  int score = alea(), choix = -1, calcul = 0;
  char operation = ' ';
  clear();
  println(score);
  int [] valeur = tirage();
  while (valeur.length>1&&calcul!=score) {
    println(); // Affichage des valeurs
    for (int i=0;i<valeur.length;i++)
      print(valeur[i]+" ");
    println();
    // Choix de la première valeur
    choix = choisir(valeur);
    calcul = valeur[choix];
    valeur = retire(valeur,choix);
    print(calcul);
    // Choix de l'opération
    while ( operation!='+' && operation!='-' &&
            operation!='*' && operation!='/')
      operation = readChar("Quelle opération (+ - * /) ?");
    print(operation);
    // Choix de la seconde valeur
    choix = choisir(valeur);
    print(valeur[choix]);
    calcul = calcule(calcul,operation,valeur[choix]);
    valeur = retire(valeur,choix);
    valeur = ajoute(valeur,calcul);
    println("="+calcul);
    operation = ' ';
  }
  if (calcul==score) println("Le compte est bon !");
  else println("Le compte a un écart de "+(score-calcul));
}
```

Mini-projets (N)

Intelligence artificielle

On s'intéresse ici à l'intelligence artificielle développée pour simuler un adversaire lors d'un jeu. Elle consiste à prendre les meilleures décisions en fonction de la situation actuelle du jeu ainsi que des futures situations possibles.

On étudiera un algorithme particulier qui peut être utilisé de manière générale à un jeu à *deux joueurs*, de *somme nulle* (les gains d'un joueur sont l'exact opposé de ceux de l'autre joueur) et *sans hasard* (chaque joueur connaît précisément ses possibilités de jeu, celles de son opposant et sait évaluer les gains correspondants).

On appliquera plus particulièrement cet algorithme à un jeu simple : le morpion (ou Tic-tac-toe).

Objectif principal

Le but de ce mini-projet est de comprendre et de programmer l'algorithme présenté d'intelligence artificielle. Une situation de jeu du morpion est donnée : l'algorithme recherche le meilleur coup à jouer en réfléchissant deux coups d'avance.

Une personne pourra s'occuper de l'évaluation d'une des situations de jeu possibles. Une autre s'occupera de minimiser les gains de l'adversaire pour une situation possible, tandis qu'une troisième s'occupera de maximiser les gains du joueur dont c'est le tour. Cela suppose un découpage du type :

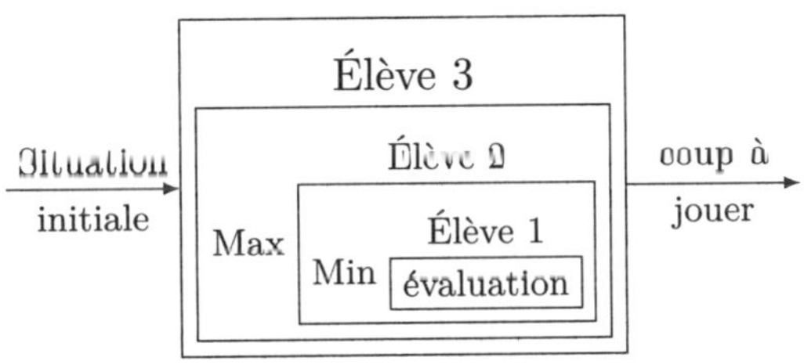

Ce mini-projet peut être complété soit par une quatrième personne qui programmera le jeu du morpion de manière simple (affichage par des caractères sur la console), soit par un groupe de 2 personnes qui prendrait à sa charge le mini-projet consistant à programmer complètement ce jeu.

L'algorithme proposé ci-dessous du « *MinMax* » est un algorithme toujours d'actualité, mais on pourra faire des recherches personnelles sur le « test de Turing », l'«apprentissage profond», ou encore regarder le film précurseur « WarGames ».

1 - Le MinMax

Objectif 1
Cet objectif est commun à tous : comprendre l'algorithme général du MinMax et mettre en place la structure de données.

L'algorithme MinMax est basé sur l'évaluation des situations de jeux en terme de gain pour le joueur dont c'est le tour. Il suppose que ce joueur cherchera toujours à maximiser ce gain alors que son adversaire cherchera à le minimiser.

Étape 1 : on construit l'arbre des situations possibles.
$\boxed{S}$ est une situation de jeu alors que c'est au tour du joueur de jouer.
Ⓢ est une situation de jeu alors que c'est à son adversaire de jouer.
→ représente un coup joué amenant à une nouvelle situation de jeu.

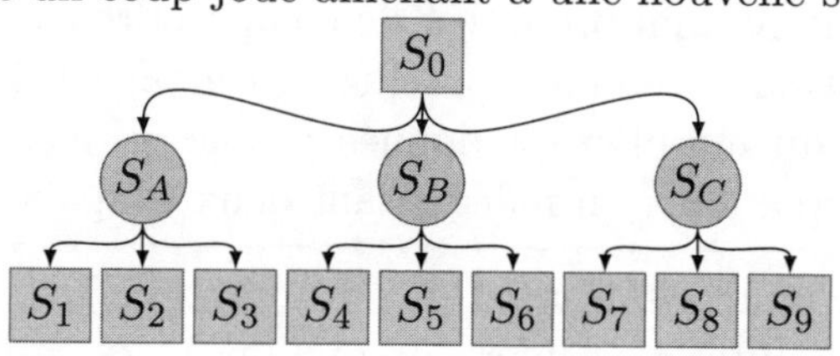

Étape 2 : On évalue le « gain » des situations de jeux du dernier niveau.
Un « gain » est un peu comme une note ; plus il est élevé plus la situation est favorable. Imaginons obtenues les évaluations suivantes :

7	8	3	2	9	1	6	4	5

Étape 3 : On remonte ces évaluations en complétant :
les Ⓢ par l'évaluation **Min**imale des coups possibles de l'adversaire,
les $\boxed{S}$ par l'évaluation **Max**imale des coups possibles du joueur.

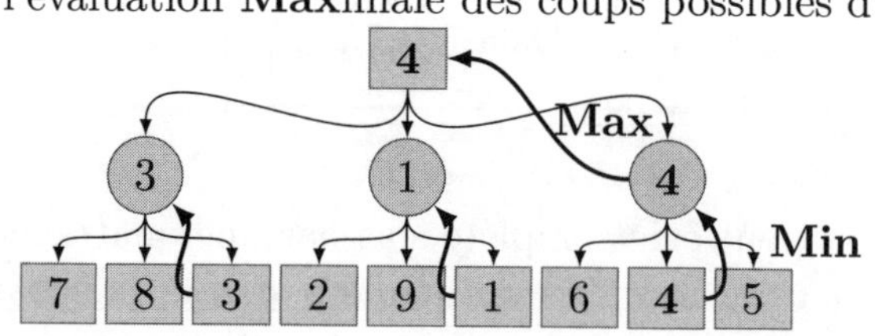

On en déduit le meilleur coup à jouer. Ici le troisième : C.

Les étapes 1 et 3 sont les mêmes, quelque soit le jeu choisi. L'étape 2 est plus délicate, car l'évaluation du gain peut être laissée à l'appréciation du joueur. Par exemple : combien vaut un pion comparé à une dame aux échecs ?

La structure des données commence par la grille de jeu : 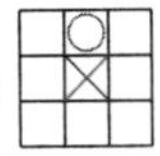

Il faut représenter chaque case (vide, × ou ○). Par exemple :

- ⋆ `0`, `1` et `2` : le numéro des joueurs.
- ⋆ `0`, `1` et `10` : un joueur par puissance de 10.
- ⋆ `0`, `1` et `-1` : un joueur par signe.
- ⋆ `' '`, `'X'` et `'O'` : un joueur par symbole.

Il faut également modéliser la grille elle-même. Par exemple :

- ⋆ `{{0,1,0},{0,2,0},{0,0,0}}` : un tableau à double entrée.
- ⋆ `{0,1,0,0,-1,0,0,0,0}` : un tableau simple.
- ⋆ `{5,8,0,0,0,0,0,0,0}` : les coups joués dans 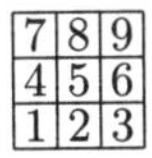 .

Ex. N1 *Choisir et justifier une structure de données pour représenter les situations de jeu possibles. Définir alors une situation initiale.*

2 - Évaluation

Objectif 2

Le but de cette partie est de traiter l'étape 2 de l'algorithme du MinMax : l'évaluation d'une situation.

C'est la partie la plus libre de l'algorithme. Elle doit permettre de différencier des situations de jeux, selon si le joueur est plus ou moins proche de la victoire ou de la défaite (de manière symétrique).

Une proposition :

- ⋆ 3 marques alignées : ±1000 points.
- ⋆ 2 marques alignées avec 1 case libre : ±100 points.
- ⋆ 1 marque alignée avec 2 cases libres : ±10 points.

Exemple d'évaluation d'une situation, pour le joueur « × » :

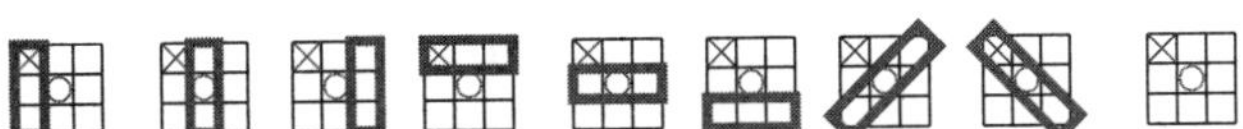

+10 −10 +0 +10 −10 +0 −10 +0 = −10

Ex. N2 *Évaluer cette même situation pour l'autre joueur*

Ex. N3 *Écrire la fonction* **`evalAlign`** *qui renvoie l'évaluation d'un alignement de trois cases (dont le contenu est passé en paramètres) pour le joueur 1.*

Ex. N4 *Écrire la fonction* `eval` *qui renvoie l'évaluation d'une grille complète.*

3 - Deux coups d'avance

Objectif 3

Le but de cette partie est d'écrire l'algorithme du MinMax en prévoyant les deux prochains coups.

(Les deux exercices suivants peuvent être traités par deux élèves différents du groupe)

On suppose que :

- ⋆ le jeu n'est pas fini (au moins une case libre et personne n'a gagné)
- ⋆ on sait évaluer une situation (avec `eval(grille,joueur)`).

On s'intéresse à l'algorithme du MinMax à un seul coup d'avance :

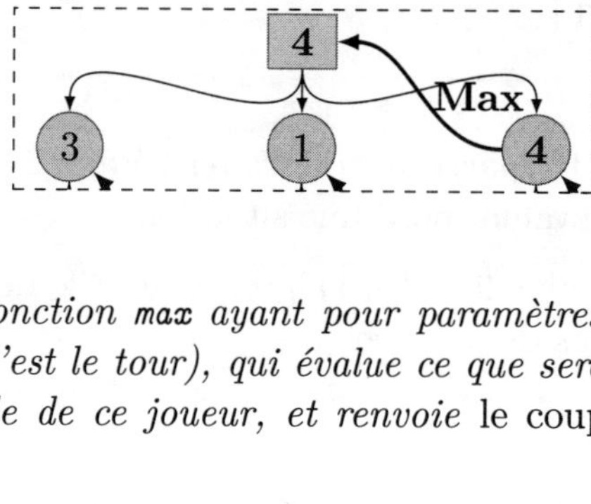

Ex. N5 *Écrire la fonction* `max` *ayant pour paramètres la situation de jeu et le joueur (dont c'est le tour), qui évalue ce que serait la situation après chaque coup possible de ce joueur, et renvoie* le coup *ayant la meilleure évaluation.*

On s'intéresse maintenant au coup suivant pour lequel on cherche l'évaluation minimum.

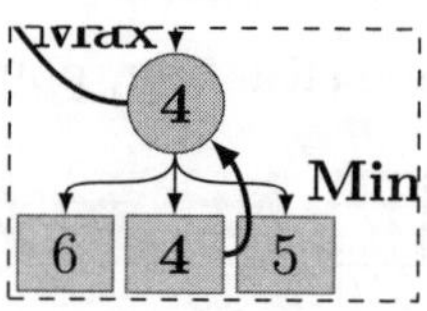

Ex. N6 *C'est le tour de* `joueur`*. Il réfléchit à un coup qui l'amènerait à une* `situation` *de jeu. Écrire la fonction* `min` *de paramètres cette* `situation` *et ce* `joueur`*, qui évalue ce que deviendrait cette situation après chaque coup possible de l'adversaire, et renvoie* l'évaluation *la plus petite.*

- Finalisation

Il suffit maintenant de modifier la fonction `max` en changeant l'appel à `eval` par un appel à `min` pour terminer l'algorithme du MinMax de profondeur 2.

Ex. N7 *Faire cette modification, écrire une fonction* `affiche` *d'affichage d'une situation de jeu et tester différentes situations de jeu.*

Pour une solution complète, utiliser le code MINMAX .

- Vers un projet

Un projet peut être la programmation d'un jeu un peu plus complexe (puissance 4, par exemple, ou tout autre jeu à deux joueurs, de somme nulle et sans hasard...) et la mise en œuvre de cet algorithme pour l'I.A.

Un projet peut également être de rester sur un jeu simple comme le morpion mais d'augmenter la profondeur de la recherche du meilleur coup.

On pourrait aussi bien rechercher à améliorer l'algorithme (l'élagage AlphaBêta).

- Solutions des exercices

Retour sur l'exercice N1

Puisque l'algorithme s'applique à des jeux de *somme nulle*, c'est-à-dire à des gains opposés pour les joueurs, il semble intéressant de choisir une modélisation avec les nombres `0`, `1` et `-1`.

Pour simplifier l'écriture des algorithmes, on peut faire le choix d'un tableau simple pour la grille. Pour l'ordre des cases dans ce tableau, on a fait ici le choix (mnémotechnique) de faire correspondre le rang dans le tableau aux valeurs du pavé numérique.

7	8	9
4	5	6
1	2	3

```
int [] grille = {0,0,0,0,0,-1,0,1,0,0};
```

Remarque : La valeur `grille[0]` non utilisée ici pourrait être utilisée plus tard pour le dernier coup joué ou le résultat de l'évaluation de la grille...

Retour sur l'exercice N2 Évaluation.

Comme l'évaluation est symétrique pour les deux joueurs on obtient forcément +10

Retour sur l'exercice N3 Fonction `evalAlign()`

En essayant d'utiliser au maximum notre façon de coder les coups joués :

```
int evalAlign(int a,int b,int c) {
  int valeur = 0;
  // Si les trois marques sont identiques
  if ((a==b)&&(b==c)) valeur = 1000*a;
  else {
  // Sinon, une au moins est 0
  // et les autres se distinguent par leur somme
    valeur = a + b + c;
  // 0 +( -1 + -1 ) = -2      => valeur = -100 = -2x50
  // 0 +( -1 +  0 ) = -1      => valeur = -10  = -1x10
  // 0 +( -1 +  1 ) = 0       => valeur = 0    =  0x10
  // 0 +(  1 +  0 ) = 1       => valeur = 10   =  1x10
  // 0 +(  1 +  1 ) = 2       => valeur = 100  =  2x50
    if ((valeur>-2)&&(valeur<2)) valeur = 10*valeur;
    else valeur = 50*valeur;
  }
  return valeur;
}
```

Remarque : la somme ne suffit pas à distinguer tous les cas.

$1+1+(-1)=0+0+1$ sont deux sommes égales qui correspondent à deux situations très différentes.

Retour sur l'exercice N4 Fonction eval()

```
int eval(int [] grille, int joueur) {
   int valeur=0;
   // Lignes
   valeur=valeur+joueur*evalAlign(grille[1],grille[2],grille[3]);
   valeur=valeur+joueur*evalAlign(grille[4],grille[5],grille[6]);
   valeur=valeur+joueur*evalAlign(grille[7],grille[8],grille[9]);
   // Colonnes
   valeur=valeur+joueur*evalAlign(grille[1],grille[4],grille[7]);
   valeur=valeur+joueur*evalAlign(grille[2],grille[5],grille[8]);
   valeur=valeur+joueur*evalAlign(grille[3],grille[6],grille[9]);
   // Diagonales
   valeur=valeur+joueur*evalAlign(grille[1],grille[5],grille[9]);
   valeur=valeur+joueur*evalAlign(grille[3],grille[5],grille[7]);
   return  valeur;
}
```

Retour sur l'exercice N5 Fonction max()

```
int max (int[]grille, int joueur) {
  int meilleurCoup=0;
  int meilleureEval=-1000;
  int evaluation=0;
  for(int i=1;i<10;i++)
     if (grille[i]==0) {  // Si le coup est jouable
      grille[i]=joueur;   // Le jouer
      evaluation = eval(grille,joueur); // Évaluer la possibilité
      if (evaluation>meilleureEval) {   // Si le coup est meilleur
        meilleureEval=evaluation;       // Retenir son évaluation
        meilleurCoup=i;                 // Retenir le coup
      }
      grille[i]=0; // Annuler le coup
     }
  return meilleurCoup;
}
```

Retour sur l'exercice N6 Fonction min()

```
int min (int[]grille, int joueur) {
  int moindreEval=1000;
  int evaluation=0;
  for(int i=1;i<10;i++)
    if (grille[i]==0) {  // Si le coup est jouable
      grille[i]=-joueur;   // Le jouer par l'adversaire
      evaluation = eval(grille,joueur); // Évaluer la possibilité
      if (evaluation<moindreEval)     // Si le coup est moins bon
        moindreEval=evaluation;       // Retenir son évaluation
      grille[i]=0; // Annuler le coup
    }
  return moindreEval;
}
```

Retour sur l'exercice N7 Finalisation

⋆ La fonction `Minmax()` :

```
int minMax (int[]grille, int joueur) {
  int meilleurCoup=0;
  int meilleureEval=-1000;
  int evaluation=0;
  for(int i=1;i<10;i++)
    if (grille[i]==0) {
      grille[i]=joueur;
      evaluation = min(grille,joueur); // seul changement
      if (evaluation>meilleureEval) {
        meilleureEval=evaluation;
        meilleurCoup=i;
      }
      grille[i]=0;
    }
  return meilleurCoup;
}
```

⋆ La fonction `affiche()` :

```
void affiche(int [] grille) {
  int[] ordre = { 7,8,9,4,5,6,1,2,3 };
  for (int i =0; i < 9; i ++) {
    switch(grille[ordre[i]]) {
      case -1 : print("O "); break;
      case 0 : print("- "); break;
      case 1 : print("X "); break;
    }
    if (i%3==2) println();
  }
}
```

⋆ Le `main()` :

(Où l'on fait jouer l'IA contre elle-même.)

```
void main() {
  clear();
  int [] grille = {0, 0, 0, 0, 0, 0, 0, 0, 0, 0};
  affiche(grille);
  int joueur = 1;
  int coup = 0;
  for (int i=0;i<9;i++) {
    coup = minMax (grille,joueur);
    println(coup);
    grille[coup]=joueur;
    affiche(grille);
    joueur=-joueur;
  }
}
```

Mini-projets (O)

Dessiner une image 3D

Il y a deux difficultés dans ce mini-projet. La première est de dessiner sur un écran, donc en deux dimensions, une situation donnée en trois dimensions. La seconde est de compléter ce dessin pour que quelqu'un le regardant à travers des lunettes Rouge/Cyan en ait effectivement une vue en trois dimensions.

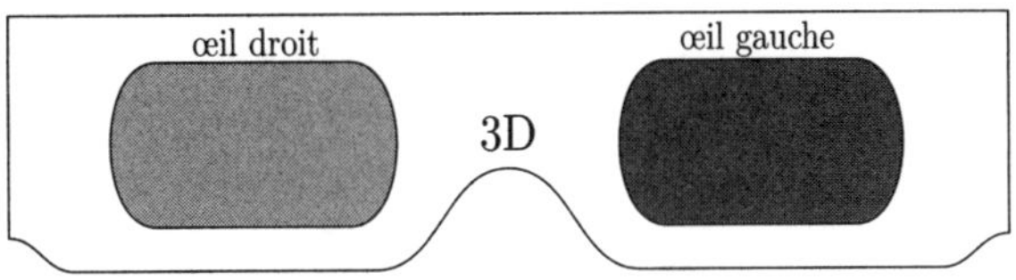

Objectif général

Le but de ce mini-projet est de dessiner en rouge et cyan les arêtes d'un cube fixe dans l'espace à partir d'un point de vue donné. Ce dessin devra être visible en trois dimensions à travers des lunettes filtrant ces couleurs.

Une personne au moins dans le groupe devra avoir compris la théorie mathématique permettant de déterminer, à partir des coordonnées en trois dimensions d'un objet réel, ses coordonnées en pixels à l'écran. Cette personne devra écrire la fonction permettant ce traitement.

Une personne dans ce groupe devra s'occuper de dessiner (en noir et blanc) chaque image nécessaire au mini-projet. Cette personne devra également définir les données utiles au projet.

Une personne au moins dans le groupe devra avoir compris le principe des images 3D rouge/cyan. Elle écrira la fonction qui fusionne les images prévues pour chaque œil en une image finale.

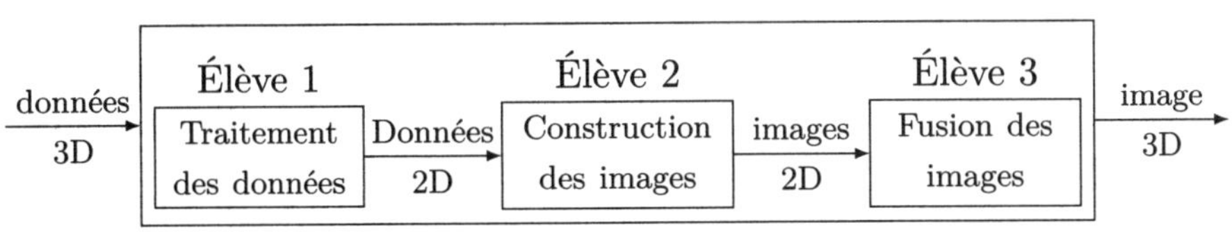

1 - Traitement des données

On a représenté ci-dessous une interface graphique avec son repère d'origine le coin supérieur gauche et ses axes de coordonnées : abscisses de gauche à droite, ordonnées de haut en bas. M est un point de l'espace dont on a choisi le repère orthonormé direct complétant celui de l'interface graphique.

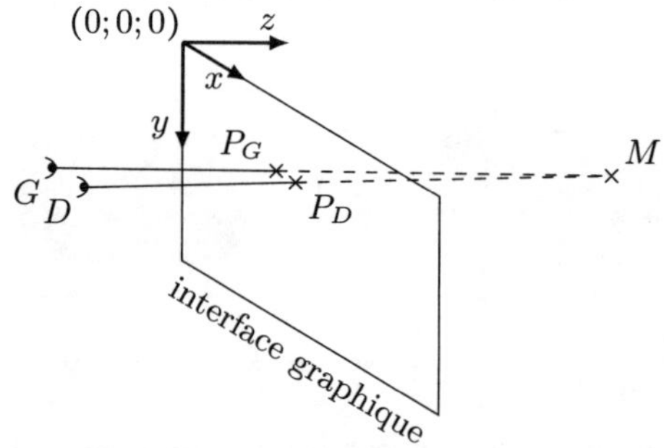

L'interface est comme une vitre à travers laquelle on regarderait M :

- ⋆ Avec l'œil gauche (G) on voit ce point en P_G sur la vitre.
- ⋆ Avec l'œil droit (D) on voit ce point en P_D sur la vitre.

Objectif 1-

Le but de cette partie est d'écrire la fonction qui renvoie les coordonnées (2D) du point P calculées à partir de celles (3D) de M et l'œil considéré.

Notons $(x_M; y_M; z_M)$ les coordonnées de M, $(x; y; 0)$ celles de P et $(l; h; r)$ (*l*atéralité, *h*orizon et *r*ecul) celles de l'œil exprimées en pixels .
Une paramétrisation de la droite reliant l'œil au point M est alors :

$$\begin{cases} x = l + (x_M - l)t \\ y = h + (y_M - h)t \\ 0 = r + (z_M - r)t \end{cases}$$

Elle permet de déterminer les coordonnées de P (en déterminant le paramètre t dans la troisième équation et en substituant cette valeur dans les deux autres). Après simplifications :

$$\begin{cases} x = \dfrac{r \times x_M - l \times z_M}{r - z_M} \\ y = \dfrac{r \times y_M - h \times z_M}{r - z_M} \end{cases}$$

On donne les constates suivantes (à utiliser en global) :

```
// Taille de l'image
final int LARGE = 500;
final int HAUT = 500;
// nombre de pixels par mètre
final double PIXEL_PAR_METRE = 3000;
// Recul de l'observateur par rapport à l'écran (80cm)
final double RECUL = 0.8;
// Nombre (de pixels) positionnant la ligne d'horizon sur l'image.
final double HORIZON = HAUT/(2*PIXEL_PAR_METRE);
// écartement moyen des yeux (65mm)
final double ECART = 0.065;
// Positionnement latéral (au centre) des yeux
final double X_G = LARGE/(2*PIXEL_PAR_METRE)-ECART/2;
final double X_D = LARGE/(2*PIXEL_PAR_METRE)+ECART/2;
```

(On peut estimer le nombre `PIXEL_PAR_METRE` en faisant le ratio de la résolution de son écran par ses dimensions; on a fixé arbitrairement la hauteur de l'œil donc de l'horizon au milieu de l'image.)

Ex. O1 *Écrire la fonction pour l'oeil*
int [] projection (double [] position3D, double l)

- *position3D : les trois coordonnées réelles (pour M en mètre).*
- *l : la position latérale de l'œil (égale à X_G ou X_D en pixel).*
- *retour : les deux coordonnées sur l'image (pour P en pixels).*

2 - Construction d'un cube

Objectif 1-

Le but de cette partie est de dessiner un cube connaissant les coordonnées 2D de ses sommets sur l'écran.

Dans un premier temps, il faut se poser la question de la structure de données : un cube n'est pas que la liste de ses sommets, car il faut, pour le dessiner, savoir lesquels relier par un segment (connaître chaque arête).

Considérons le cube représenté en perspective cavalière ci-dessous :

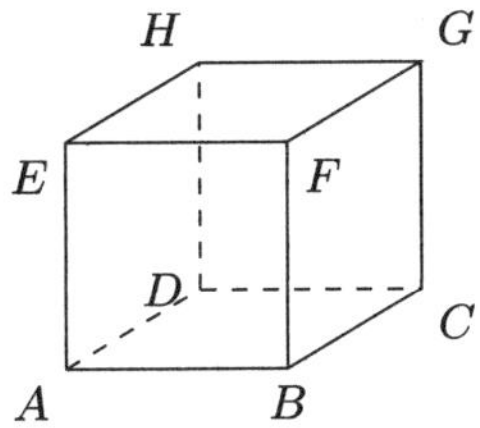

Il faut tracer le segment $[AB]$ par exemple, mais pas $[AF]$...

Ex. O2 *Pour simplifier ce problème, on choisit une fois pour toute un ordre. On suppose que le calcul des coordonnées des sommets d'un cube donne :*

```
int [] [] cube = {{300,300},{300,480},{303,463},{303,296},
                  {480,300},{480,480},{470,463},{470,296}};
```

Donner dans l'ordre de ces coordonnées le nom de chaque sommet (par rapport à la figure précédente et le repère utilisé).

On utilisera, pour la fin de cette partie, le tableau précédent comme s'il était réellement le résultat des calculs de coordonnées des sommets du cube à l'écran.

Pour tracer chaque arrête du cube on utilise la fonction définie par :
`drawSegment(int num, int x1, int y1, int x2, int y2, Color c)`
Elle trace le segment d'extrémités `(x1,y1)` et `(x2,y2)` dans l'image de travail numéro `num` en utilisant une couleur de tracé `c` de type `Color`.

Pour utiliser le type `Color` - `Color.black` par exemple - on oubliera pas d'écrire en préambule du programme :

```
import java.awt.Color;
```

(Se reporter au T.D. sur le traitement de l'image)

Ex. O3 *Écrire la fonction*
`void dessineCube(int img,int[][]c)`

- ⋆ *`img` étant le numéro de l'image sur laquelle dessiner.*
- ⋆ *`c` étant le tableau des coordonnées (voir exercice précédent).*
- ⋆ *La fonction dessinant toutes les arrêtes du cube (en noir).*

3 - Fusion des images

Le principe pour dessiner une image en 3 dimensions est de dessiner deux images différentes : une pour chaque œil.

- ⋆ On ne conserve que la composante rouge pour l'œil droit (non vu par l'autre œil derrière le philtre rouge).
- ⋆ On ne conserve que les autres composantes (vert + bleu = cyan) pour l'œil gauche (non vu par l'autre œil derrière le philtre cyan).

Objectif 3-
Le but de cette partie est de dessiner une image dont la composante rouge est donnée par une image et les composantes verte et bleue par une autre.

Pour pouvoir tester cet objectif, on pourra utiliser le début de code :

```
import java.awt.Color;

// Taille de l'image
final int LARGE = 500;
final int HAUT = 500;

void main() {
  createImage(1, LARGE, HAUT);
  createImage(2, LARGE, HAUT);
  createImage(3, LARGE, HAUT);

  drawFillRect(1, LARGE/2, HAUT/2, 100, 100, Color.black);
  drawFillRect(2, LARGE/2+20, HAUT/2, 100, 100, Color.black);

  // A compléter ...

  showPipImage();
}
```

Ex. O4 *Compléter le code précédent pour que les pixels de l'image 3 aient leurs composantes rouges égales à celles des pixels de l'image 2 et leurs composantes vertes et bleues égales à celles des pixels de l'image 1.*

- Finalisation

Il ne reste plus pour finaliser le mini-projet qu'à :

- définir un « vrai » cube. Par exemple :

```
double [][] cube =
  {{0.1, 0.1,0},{0.1, 0.16,0},{0.1, 0.16,0.06},{0.1, 0.1,0.06},
   {0.16,0.1,0},{0.16,0.16,0},{0.16,0.16,0.06},{0.16,0.1,0.06}};
```

- calculer (objectif 1) et dessiner (objectif 2) les deux projections (une pour chaque œil) sur les images 1 et 2.
- fusionner (objectif 3) ces deux images pour former l'image 3 en 3D.

Pour une solution complète, utiliser le code CUBE .

On peut également dessiner plus de cubes pour mieux apprécier l'effet de profondeur fourni par cette méthode. Par exemple une spirale partant vers l'arrière avec le code CUBES .

Remarque : On améliorerait beaucoup le rendu (3D) en « coloriant » les faces entièrement plutôt qu'en ne laissant que les arêtes.

On pourra, pour un projet, permettre soit le mouvement du cube soit le mouvement du système œil+écran autour du cube.

- Solutions des exercices

Retour sur l'exercice O1 Attention, si les formules semblent légèrement différentes de celles proposées dans les explications, c'est qu'elles tiennent compte du fait que la constante RECUL est positive mais que cela correspond à une cote en z négative !

```
// Projection sur l'écran
int [] projection (double [] position3D, double l) {
  int [] positionEcran = {0,0};
  // Formules de projection
  double p0 = (RECUL*position3D[0]+l*position3D[2])
              /(RECUL+position3D[2]);
  double p1 = (RECUL*position3D[1]+HORIZON*position3D[2])
              /(RECUL+position3D[2]);
  // Changement d'unités mètre -> pixel
  positionEcran[0] = (int) ( p0*PIXEL_PAR_METRE );
  positionEcran[1] = (int) ( p1*PIXEL_PAR_METRE );
  return positionEcran;
}
```

Retour sur l'exercice O2

Le repère correspond aux vecteurs de la figure $(E; \overrightarrow{EA}, \overrightarrow{EH})$.

Les quatre premières coordonnées ayant à peu près la même abscisse correspondent aux points de la face $ADHE$. Les deux premiers ayant exactement la même abscisse sont E et A. Ils sont dans cet ordre (ordonnées croissantes).

Le même raisonnement pour les autres points donne l'ordre :
E, A, D, H, F, B, C et G.

Retour sur l'exercice O3

C'est un peu fastitueux mais pas difficile : 12 arrêtes.

```
// Dessin du cube (2D)
void dessineCube(int img,int[][]c) {
  drawSegment(img,c[0][0],c[0][1],c[1][0],c[1][1],Color.black);
  drawSegment(img,c[1][0],c[1][1],c[2][0],c[2][1],Color.black);
  drawSegment(img,c[2][0],c[2][1],c[3][0],c[3][1],Color.black);
  drawSegment(img,c[3][0],c[3][1],c[0][0],c[0][1],Color.black);
  drawSegment(img,c[0][0],c[0][1],c[4][0],c[4][1],Color.black);
  drawSegment(img,c[4][0],c[4][1],c[5][0],c[5][1],Color.black);
  drawSegment(img,c[5][0],c[5][1],c[6][0],c[6][1],Color.black);
  drawSegment(img,c[6][0],c[6][1],c[7][0],c[7][1],Color.black);
  drawSegment(img,c[7][0],c[7][1],c[4][0],c[4][1],Color.black);
  drawSegment(img,c[1][0],c[1][1],c[5][0],c[5][1],Color.black);
  drawSegment(img,c[2][0],c[2][1],c[6][0],c[6][1],Color.black);
  drawSegment(img,c[3][0],c[3][1],c[7][0],c[7][1],Color.black);
}
```

Retour sur l'exercice O4

On récupère la composante rouge avec un masque :

`getPixelColor(2,x,y)&0xFF0000`

On récupère les autres composantes de même :

`getPixelColor(1,x,y)&0x00FFFF`

On recompose la nouvelle couleur :

```
// Image finale
  for (int x=0;x<LARGE;x++)
    for (int y=0;y<HAUT;y++)
      setPixel(3, x, y, (getPixelColor(1,x,y)&0x00FFFF)
                       +(getPixelColor(2,x,y)&0xFF0000));
```

Mini-projets (P)

La balle

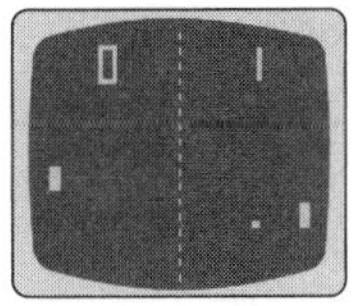

Le déplacement d'une balle (ou d'un personnage...) à l'écran est la base de beaucoup de jeux depuis le mythique *pong*. Le principe est de gérer l'affichage graphique image par image pour donner l'illusion du mouvement et de recalculer la position de la balle entre chaque image.

Objectif principal
Le but de ce mini-projet est la programmation d'une interface représentant une balle en mouvement, soumise à la gravité, et limitée par les côtés de la fenêtre graphique.

Le groupe pourra commencer par se mettre d'accord sur les variables et constantes, et écrire la base du programme qui consiste à afficher une balle sur l'écran.

Il sera ensuite nécessaire que chacun ait compris la modélisation physique du problème. Une personne pourra alors s'occuper de la balle « en vol » et l'autre de la balle « au sol ».

Pour terminer le mini-projet il faudra également qu'une personne s'occupe des rebonds et que l'autre écrive la partie du programme qui détecte le passage d'une balle en vol à une balle au sol.

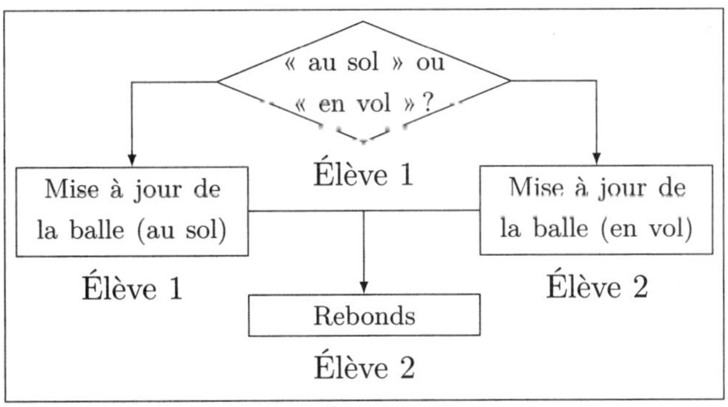

Comme il s'agit d'animations, on utilisera la proglet JavaProg.

1 - Mise en place de la balle

Pour dessiner puis animer la balle, les importations suivantes sont nécessaires :

```
import javax.swing.JLabel;
import javax.swing.ImageIcon;
import java.awt.image.BufferedImage;
```

Pour déterminer les déplacements de la balle, nous aurons besoin des coordonnées de son centre de gravité, de sa vitesse et de son accélération :

```
// Variables globales
// Position, vitesse et accélération de la balle
double x, y, vx, vy, ax, ay;
```

Pour définir un cadre à l'évolution de la balle, on pose également les constantes :

```
// Constantes
final int Taille = 100;     // taille de l'image de la balle
// Limites de l'environnement
final int Xmin = Taille/2;
final int Xmax = getPane().getWidth()-Taille/2;
final int Ymin = Taille/2;
final int Ymax = getPane().getHeight()-Taille/2;
```

On souhaite enfin obtenir l'affichage d'une balle avec dans le `main` :

```
void main(){
  getPane().removeAll();
  JLabel balle = initBalle(Taille/2,Ymax/3,500,-200);
  getPane().repaint();
}
```

Ex. P1 *Écrire la fonction `initBalle()`, qui prend comme paramètres quatre entiers définissant la position initiale et la vitesse initiale de la balle, et qui renvoie un `JLabel` contenant l'image d'une balle de la taille `Taille`, le tout correctement positionné et dimensionné sur le panneau de la proglet.*

2 - Modélisation

Pour faire les calculs des coordonnées de la balle en mouvement, nous nous baserons sur le principe fondamental de la dynamique :

$$\overrightarrow{a} = \frac{1}{m}\sum\overrightarrow{F}$$

où $\begin{cases} \overrightarrow{a} \text{ est son l'accélération,} \\ m \text{ est sa masse et} \\ \sum\overrightarrow{F} \text{ est la somme des forces qui lui sont appliquées.} \end{cases}$

Puisque $\overrightarrow{a}(t) = \overrightarrow{v}'(t) = \lim_{dt \to 0} \frac{1}{dt}(\overrightarrow{v}(t+dt) - \overrightarrow{v}(t))$, nous utiliserons en première approximation pour mettre à jour la vitesse entre deux temps très rapprochées (en choisissant dt suffisamment proche de 0) :

$$\overrightarrow{v}(t+dt) \approx \overrightarrow{v}(t) + \overrightarrow{a}(t)dt$$

De même :

$$\overrightarrow{OM}(t+dt) \approx \overrightarrow{OM}(t) + \overrightarrow{v}(t)dt$$

Pour définir $\overrightarrow{a}$ il suffit alors de faire un bilan des forces appliquées à notre balle.

Si la balle est « en vol »

En l'air, la balle n'est soumise qu'à la gravité et à la résistance de l'air :

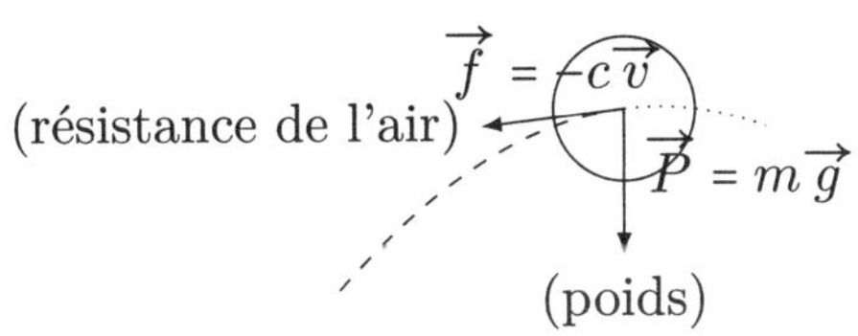

donc $\overrightarrow{a} = \overrightarrow{g} - \frac{c}{m}\overrightarrow{v}$

On ajoute les constantes utiles (où on note `air` le coefficient $\frac{c}{m}$) :

```
// Contantes
final double G = 9.81*100;   // gravité avec 100 pixels pour 1m
final double air = 0.2;      // réduction de vitesse dans l'air
```

Ex. P2 *Écrire la fonction* `vol()` *qui prend un temps* `dt` *en paramètre et qui met à jour les variables globales définissant la balle pour qu'elles indiquent son état* `dt` *secondes plus tard.*

Pour pouvoir tester cette fonction, il faut la répéter plusieurs fois en calculant le temps écoulé entre chaque appel. On ajoute donc deux variables globales pour calculer ce temps :

```
// Variables globales
double temps1, temps2;       // Instants après et avant chaque
    mise à jour
```

Ex. P3 *Compléter le* `main()` *pour qu'il répète assez longtemps des appels à la fonction* `vol()`*, des rafraîchissements d'affichage, et des calculs de différences de temps, pour observer un résultat.*

Si la balle est « au sol »

On néglige la rotation de la balle et on la considère ponctuelle. On peut alors distinguer quatre forces s'appliquant à la balle :

- ⋆ La réaction du support $\overrightarrow{R}$ exactement opposée à $\overrightarrow{P}$.
- ⋆ La force $\overrightarrow{f}$ de résistance à l'air. (Opposée et proportionnelle à la vitesse.)
- ⋆ La force $\overrightarrow{F}$ de frottement au sol. (Opposée à la vitesse mais considérée d'intensité constante.)

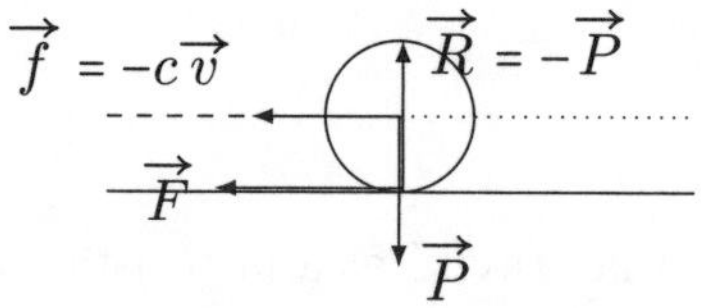

donc $m\overrightarrow{a} \approx -c\overrightarrow{v} + \overrightarrow{F}$

On note `air` pour la quantité $\frac{c}{m}$ et `frot` pour $\frac{F}{m}$:

```
// Contantes
final double air = 0.2;     // Réduction de vitesse dans l'air
final double frot = 50;     // Résistance de frottement en
    glissade
```

Ex. P4 *Écrire la fonction* `sol()` *qui prend un temps* `dt` *en paramètre et qui met à jour les variables globales définissant la balle pour qu'elles indiquent son état après* `dt` *secondes de glissade.*

Ex. P5 *Modifier le* `main()` *pour qu'il répète des appels à la fonction* `sol()`*, des rafraîchissements d'affichage, et des calculs de différences de temps, jusqu'à ce que la vitesse soit inférieure ou égale à 0,1.*

3 - Les rebonds

Pour modéliser le phénomène de rebond de la balle sur une surface, considérons le schéma suivant (avec l'utilisation de `vol()` :

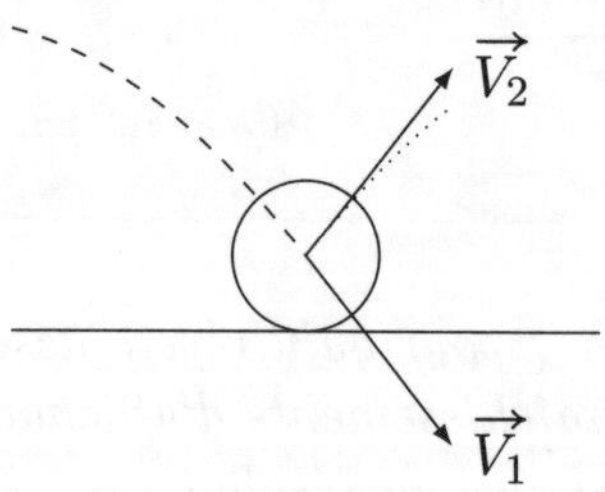

Les vitesses $\overrightarrow{V_1}$ et $\overrightarrow{V_2}$ avant et après le rebond sur une surface horizontale ont la même abscisse mais des ordonnées opposées.

On détecte un rebond lorsque la mise à jour de la position dépasse une limite. Dans ce cas :

- ⋆ On repositionne la balle sur l'obstacle.
- ⋆ On redirige la vitesse dans la bonne direction.
- ⋆ On multiplie la composante de la vitesse que l'on vient d'opposer par un coefficient de réduction.

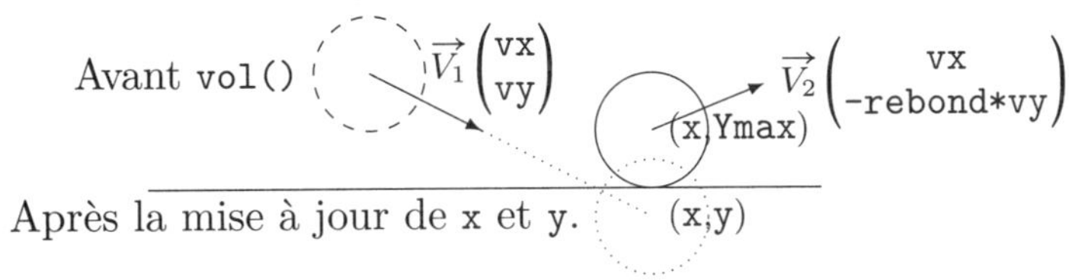

On notera :

```
// Contantes
final double rebond = 0.8; // Réduction de vitesse au rebond
```

Ex. P6 *Écrire la fonction `rebond()`, à appeler juste après la mise à jour de `x` et de `y` dans les fonction `vol()` et `sol()`, qui détecte si ces valeurs dépassent les bords et effectue les modifications expliquées ci-dessus.*

Modifier les fonctions `vol()` et `sol()`, pour tenir compte des rebonds.

4 - Transition

Il reste à gérer la transition entre la balle en vol et la balle au sol. Pour cela, on introduit les deux variables globales suivantes :

- ⋆ `rebondAuSol` qui vaut `true` si la balle vient de rebondir au sol.
- ⋆ `resteAuSol` qui vaut `true` si la balle est définitivement au sol.

```
// Variables globales
boolean rebondAuSol=false; // La balle vient-elle de rebondir au
    sol ?
boolean resteAuSol=false;  // La balle a-t-elle fini de rebondir ?
```

Ex. P7 *Écrire la fonction `maj()`, à appeler à la place de `sol()` ou `vol()` dans le `main()`, et qui appelle la bonne fonction selon la valeur de `resteAuSol` et met à jour `resteAuSol` et `rebondAuSol`.*

Ex. P8 *Modifier le main pour que le programme s'arrête quand la balle est au sol avec une vitesse inférieure ou égale à 0,1.*

- Vers un projet

On pourra vérifier la cohérence des paramètres en changeant une valeur à la fois des constantes ou des conditions initiales.

Une solution complète est disponible avec BALLE .

Pour un projet, on pourra imaginer faire un jeu de tir (on règle les conditions initiales à la souris pour atteindre une cible), ou faire rebondir la balle sur un ou plusieurs obstacles (de type flipper par exemple...), ou introduire une interaction au clavier (rediriger la force de gravité vers la souris lors d'un clic par exemple...), etc.

- Solutions des exercices

Retour sur l'exercice P1 Fonction `initBalle()`

```
JLabel initBalle(int x0, int y0, int vx0, int vy0) {
// Initialisation des variables globales
  x=x0;   y=y0;
  vx=vx0; vy=vy0;
// Dessin de la balle
  BufferedImage rond = new BufferedImage(Taille,Taille,
    BufferedImage.TYPE_INT_ARGB);
  for (int i = 0;i<Taille;i++)
    for (int j=0;j<Taille;j++)
      if (sqrt(pow(i-Taille/2,2)+pow(j-Taille/2,2))<=Taille/2)
        rond.setRGB(i,j,0xFFFF0000); // rond rouge
      else rond.setRGB(i,j,0); // tour transparent
// Création positionnement et dimensionnement du JLabel
  JLabel balle = new JLabel(new ImageIcon(rond));
  balle.setLocation((int)x-Taille/2,(int)y-Taille/2);
  balle.setSize(Taille,Taille);
// Ajout au panneau
  getPane().add(balle, new Integer(1));
  return balle;
}
```

Retour sur l'exercice P2 Fonction `vol()`

```
void vol(double dt) {
  x  = x+vx*dt;       y  = y+vy*dt;
  vx = vx+ax*dt;      vy = vy+ay*dt;
  ax = -air*vx;       ay = G-air*vy;
}
```

L'ordre est important : mise à jour de la position puis de la vitesse avant l'accélération (qui dépend de la vitesse calculée).

Retour sur l'exercice P3 le `main()`

```
void main(){
  getPane().removeAll();
  JLabel balle = initBalle(Taille/2,Ymax/3,500,-200);
  temps1 = now();
  for (int i = 0; i<200;i++) {
    temps2 = now();
    vol((temps2-temps1)/1000);
    temps1=temps2;
    balle.setLocation((int)x-Taille/2,(int)y-Taille/2);
    getPane().repaint();
    sleep(20);
  }
}
```

Où `sleep(20)` permet surtout de ne pas trop en demander à la machine.

Retour sur l'exercice P4 Fonction `sol()`

```
void sol(double dt) {
  x  = x+vx*dt;          y  = Ymax;
  vx = vx+ax*dt;         vy = 0;
  if (vx>0) ax = -air*vx-frot;
  else ax = -air*vx+frot;
  ay = 0;
}
```

Retour sur l'exercice P5 Modification du `main()`

```
void main(){
  getPane().removeAll();
  JLabel balle = initBalle(Taille/2,Ymax,400,0);
  temps1 = now();
  while (Math.abs(vx)>0.1) {
    temps2 = now();
    sol((temps2-temps1)/1000);
    temps1=temps2;
    balle.setLocation((int)x-Taille/2,(int)y-Taille/2);
    getPane().repaint();
    sleep(20);
  }
}
```

Retour sur l'exercice P6 Fonction `rebond()`

```
void rebond(){
  if(x<Xmin) {
    x = Xmin;
    vx=-rebond*vx;
  }
  if(x>Xmax) {
    x = Xmax;
    vx=-rebond*vx;
  }
  if(y<Ymin) {
    y = Ymin;
    vy=-rebond*vy;
  }
  if(y>Ymax) {
    y = Ymax;
    vy=-rebond*vy;
  }
}
```

Modification de `sol()` :

```
void sol(double dt) {
  x  = x+vx*dt;          y  = Ymax;
  rebond();
  vx = vx+ax*dt;         vy = 0;
  if (vx>0) ax = -air*vx-frot;
  else ax = -air*vx+frot;
  ay = 0;
}
```

Modification de vol() :

```
void vol(double dt) {
  x  = x+vx*dt;     y  = y+vy*dt;
  rebond();
  vx = vx+ax*dt;    vy = vy+ay*dt;
  ax = -air*vx;     ay = G-air*vy;
}
```

Retour sur l'exercice P7 Fonction maj().

```
void maj(double dt) {
  if (resteAuSol) sol(dt); else vol(dt);
  if (y==Ymax) {    // Si la balle vient de rebondir le sol
    // On passe en mode sol() si c'était déjà le cas la fois
    d'avant
    resteAuSol=rebondAuSol;
    rebondAuSol=true;
  }
  else rebondAuSol=false;
}
```

Retour sur l'exercice P8 Dernière modification du main()

```
void main(){
  getPane().removeAll();
  JLabel balle = initBalle(Taille/2,Ymax/2,500,-400);
  temps1 = now();
  while (!resteAuSol||Math.abs(vx)>0.5) {
    temps2 = now();
    maj((temps2-temps1)/1000);
    temps1=temps2;
    balle.setLocation((int)x-Taille/2,(int)y-Taille/2);
    getPane().repaint();
    sleep(20);
  }
}
```

Mini-projets (Q)

La fourmi de Langton

On considère une grille, de cases noires ou blanches, sur lesquelles évolue une fourmi. A chaque étape elle commence par tourner de 90 ° :

- ⋆ vers la droite si elle est sur une case blanche.
- ⋆ vers la gauche si elle est sur une case noire.

Puis elle change la couleur de sa case et avance sur la suivante.

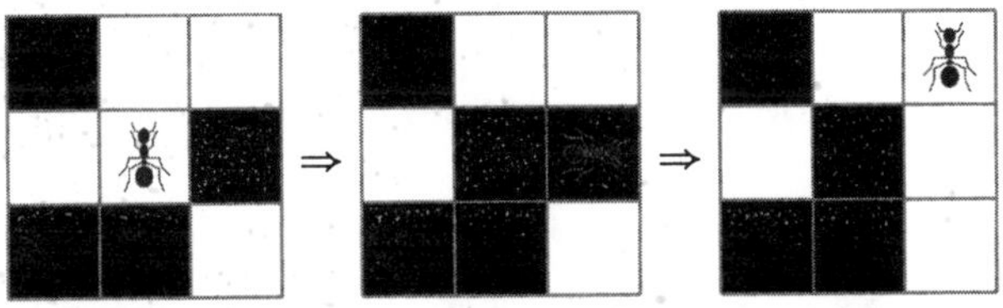

Cet algorithme est prétexte à l'utilisation et la mise à jour d'une grille de données. C'est un élément indispensable pour beaucoup de projets (tous les jeux à base de labyrinthes par exemple).

Objectif principal

Le but de ce mini-projet est la programmation de la fourmi de Langton (et la découverte du phénomène d'*émergence*).

La fourmi de Langton est un exemple d'*automate cellulaire* bidimensionnel. On pourra faire une recherche sur ce terme en général.

L'un des élèves pourra s'occuper de la partie graphique : dessiner la grille, la fourmi et s'occuper du coloriage des cases. L'autre programmera l'algorithme proprement dit pour faire évoluer la fourmi.

Élève 1	Élève 2
Affichages (grille, fourmi, cases)	Déplacement (algorithme principal)

Une solution complète est disponible avec LANGTON .

1 - L'interface

Objectif 1

Le but de cette partie est de concevoir et programmer l'interface graphique : dessiner la grille, la fourmi et prévoir le coloriage des cases.

La grille

Pour illustrer le propos, on pourra se reporter à l'exemple :

BufferedImage grilleBI

```
// Col. 0  1  2  3
   { { 0, 0, 1, 0},   // ligne 0
     { 1, 0, 0, 1},   // ligne 1
     { 0, 0, 1, 0},   // ligne 2
     { 1, 1, 0, 0} };// ligne 3
```

int [] [] grille

La grille est un tableau d'entiers (de 1/noirs et 0/blancs) avec autant de lignes de que colonnes. On note `dim` ce nombre.

L'image de la grille est une `BufferedImage` de carrés blancs ou noirs. On note `taille` le nombre de pixels d'un des côtés de ces carrés.

Leurs côtés gauche et haut sont dessinés en gris et on rajoute à l'image de la grille une bordure grise à droite et en bas, d'un pixel. La taille de l'image est donc `dim` × `taille` + 1.

On donne les importations, les constantes et les variables globales :

```
import javax.swing.JLabel ;
import javax.swing.ImageIcon ;
import java.awt.image.BufferedImage ;

// Constantes (couleurs)
final int blanc=0xFFFFFFFF, noir=0xFF000000, gris=0xFFAAAAAA;
// Variables globales
int dim, taille;
int [] [] grille;
BufferedImage grilleBI;
JLabel grilleJL = new JLabel();
```

Ex. Q1 *Écrire la fonction `initGrille()` dont les paramètres permettent de définir les variables `dim` et `taille`, qui fait de `grille` un tableau rempli de 0 avec les bonnes dimensions, dessine correctement la `grilleBI` sur le `grilleJL` et ajoute le tout au panneau de la proglet.*

La fourmi

Le dessin de la fourmi doit pouvoir se faire dans quatre orientations différentes. On choisit ici d'utiliser autant d'images que d'orientations.

On charge ces quatre images dans un tableau `fourmis`. L'orientation est définie par un entier `r` correspond à l'indice de l'image dans le tableau (donc entre 0 et 3). On ajoute encore deux variables `x` et `y` pour positionner la fourmi, ainsi que de quoi la dessiner :

```
import org.javascool.tools.image.ImageUtils ;

// Variables globales (fourmi)
int r=1, x=10, y=10;
ImageIcon [] fourmis = new ImageIcon[4];
BufferedImage fourmiBI;
JLabel fourmi = new JLabel();
```

Ex. Q2 *Télécharger une image de fourmi, vu de dessus, par exemple avec le code FOURMI, et la modifier (par exemple avec un logiciel de traitement d'image), pour obtenir une image par orientation.*

Écrire une fonction `initFourmi()` qui charge ces images, définit x et y à l'aide de des paramètres de cette image et initialise `fourmi`.

On souhaite tester ces fonctions avec le `main()` suivant :

```
void main(){
  getPane().removeAll();
  initGrille(21,30);
  initFourmi(10,10);
  dessineFourmi();
  getPane().repaint();
}
```

Ex. Q3 *Écrire la fonction `dessineFourmi()` qui sélectionne la bonne image, la bonne taille et bonne place pour la `fourmi` en fonction de x, y et r.*

2 - Le déplacement de la fourmi

Objectif 2
Le but de cette partie est de programmer l'algorithme de la fourmi de Langton et d'en avoir une première visualisation.

Pour travailler cette partie indépendamment de la précédente, on utilisera les données globales suivantes :

```
int [] [] grille =
        { { 0, 0, 1, 0},
          { 1, 0, 0, 1},
          { 0, 0, 1, 0},
          { 1, 1, 0, 0} };
int r=1, x=1, y=2;
```

Dans le tableau on a un 0 pour une case blanche et un 1 pour une case noire. `x` et `y` donnent la position de la fourmi (colonne/ligne) et `r` son orientation (0/droite - 1/haut - 2/gauche - 3/bas).

Ex. Q4 *Écrire la fonction `etape()` qui fait tourner la fourmi dans la bonne direction, change la valeur du tableau correspondant à sa position et la fait avancer dans la bonne direction.*

Pour visualiser le résultat il reste à écrire une fonction qui colorie une case de l'image du tableau en blanc ou en noir. On travaillera sur une `BufferedImage` que l'on pourra initialiser comme suit :

```
/*    ...    */
int dim=21, taille=30;
BufferedImage grilleBI = new BufferedImage(dim*taille+1,
    dim*taille+1, BufferedImage.TYPE_INT_ARGB);
JLabel grilleJL = new JLabel();
/*    ...    */
void main(){
  getPane().removeAll();
  grilleJL = showText("",0,0,0);
  grilleJL.setIcon(new ImageIcon(grilleBI));
  grilleJL.setSize(grilleJL.getPreferredSize());
  //...
}
```

Ex. Q5 *Écrire la fonction `colorier()` qui colorie un carré de la couleur passée en paramètre sous la fourmi, donc aux coordonnées donnée par les variables globales `x` et `y`, sur la `grilleBI` sachant qu'ils font `taille` de côté (en pixels) mais qu'il ne faut colorier ni la première ligne ni la première colonne (de pixels).*

Modifier la fonction `etape()` pour qu'elle modifie à la fois le tableau et l'image de la grille.

Il reste à écrire la partie principale du programme : on dessine, on calcule l'étape suivante et on recommence !

Ex. Q6 *Écrire la fonction `main()` conciliant le travail du groupe. (On trouvera une condition d'arrêt satisfaisante et on utilisera la fonction `sleep()` pour ralentir le processus.)*

3 - Le phénomène d'émergence

Objectif 3

Le but de cette partie est d'avoir un regard critique sur le résultat de l'algorithme et de visualiser un phénomène d'émergence.

On suppose que l'algorithme a été programmé, que la grille de départ, de 19 carrés de coté, est entièrement blanche et on s'intéresse aux résultats.

Ex. Q7 *Vérifier que lors des premières itérations, la fourmi de Langton dessine des motifs relativement symétriques et donner les nombres de déplacements pour quelques motifs exactement symétriques.*

Pour voir si un grand nombre d'itérations pourrait refaire apparaître des motifs symétriques, il faudrait agrandir la grille et diminuer le temps d'attente entre deux calculs.

Ex. Q8 *Faire tourner l'algorithme avec une grille de dimension 51 et de taille de case 15, la fourmi partant du centre.*

Des motifs symétriques semblent-ils réapparaître ?

Ex. Q9 *Pousser l'expérience encore plus loin...*

- Solutions des exercices

Retour sur l'exercice Q1 Fonction `initGrille()`

```
void initGrille(int d, int t) {
  // Réglage des dimensions
  dim=d;  taille=t;
  // Établissement des données de démarrage
  grille = new int[dim][dim];
  for (int y = 0;y<dim;y++)
    for (int x=0;x<dim;x++)
      grille[y][x]=0;
  // Dessin de la grille
  grilleBI = new BufferedImage(dim*taille+1, dim*taille+1,
    BufferedImage.TYPE_INT_ARGB);
  for (int i = 0;i<dim*taille+1;i++)
    for (int j=0;j<dim*taille+1;j++)
      if (i%taille==0||j%taille==0)
        grilleBI.setRGB(i,j,gris);
      else grilleBI.setRGB(i,j,blanc);
  // Mise en place de la grille
  grilleJL = showText("",0,0,0);
  grilleJL.setIcon(new ImageIcon(grilleBI));
  grilleJL.setSize(grilleJL.getPreferredSize());
}
```

Retour sur l'exercice Q2 Fonction `initFourmi()`

```
void initFourmi(int fx, int fy) {
  x = fx; y = fy;
  for (int i=0;i<4;i++)
    fourmis[i] = new ImageIcon(ImageUtils.loadImage
    ("images/fourmi"+i+".png"));
  fourmi = showText("",0,0,1);
}
```

Retour sur l'exercice Q3 Fonction `dessineFourmi()`

```
void dessineFourmi() {
  fourmi.setIcon(fourmis[r]);
  fourmi.setSize(fourmi.getPreferredSize());
  fourmi.setLocation(x*taille+(taille-fourmi.getWidth())/2,
    y*taille+(taille-fourmi.getHeight())/2);
}
```

Retour sur l'exercice Q4 Fonction `etape()`

```
void etape() {
  if (grille[y][x]==0) {
    grille[y][x]=1;  // change de couleur
    colorier(grilleBI,x,y,noir);
    r=(r+3)%4; // droite (en gardant r>0)
  } else {
    grille[y][x]=0;  // change de couleur
    colorier(grilleBI,x,y,blanc);
```

```
      r=(r+1)%4; // gauche
    }
    switch (r) { // et avance
      case 0 : x++; break;
      case 1 : y--; break;
      case 2 : x--; break;
      case 3 : y++; break;
    }
}
```

Retour sur l'exercice Q5 Fonction `colorier()`

```
void colorier(int couleur) {
  for (int i = x*taille+1;i<(x+1)*taille;i++)
      for (int j=y*taille+1;j<(y+1)*taille;j++)
        grilleBI.setRGB(i,j,couleur);
}
```

et les modifications de `etape()` :

```
// Constantes (couleurs)
final int blanc=0xFFFFFFFF, noir=0xFF000000;

void etape() {
  if (grille[y][x]==0) {
    grille[y][x]=1;  // change de couleur
    colorier(grilleBI,x,y,noir);
    r=(r+3)%4; // droite (en gardant r>0)
  } else {
    grille[y][x]=0;  // change de couleur
    colorier(grilleBI,x,y,blanc);
    r=(r+1)%4; // gauche
  }
  switch (r) { // et avance
    case 0 : x++; break;
    case 1 : y--; break;
    case 2 : x--; break;
    case 3 : y++; break;
  }
}
```

Retour sur l'exercice Q6 Le `main()`

```
void main(){
  getPane().removeAll();
  initGrille(21,30);
  initFourmi(10,10);
  while (x>=0&&x<dim&&y>=0&&y<dim) {
    dessineFourmi();
    getPane().repaint();
    sleep(50);
      etape();
     }
}
```

Retour sur l'exercice Q7 Quelques symétries

4 itérations

8 itérations

9 itérations

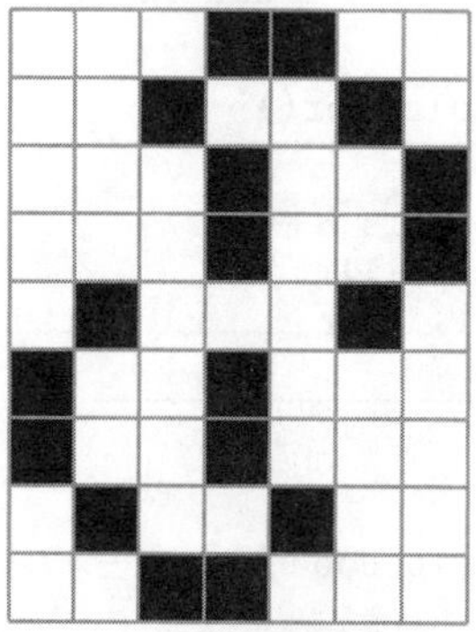

96 itérations

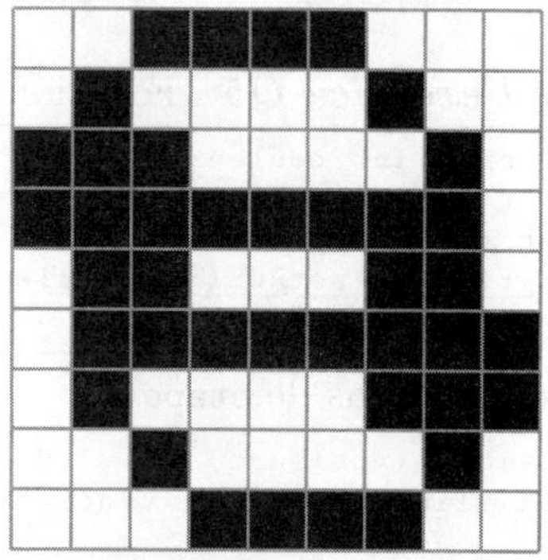

184 itérations

368 itérations

Retour sur l'exercice Q8 Le chaos

La 5439ème itération fait sortir la fourmis en bas à droite et le chaos semble s'installer : plus aucune symétrie n'apparait.

Retour sur l'exercice Q9 L'autoroute

Si on augmente la taille du support pour voir où s'en va la fourmis, on observe, après un peu plus de 10 000 itérations, qu'un nouveau phénomène émerge : l'«autoroute». La fourmis se met à répéter un schéma dans une direction générale dessinant une bande bien droite.

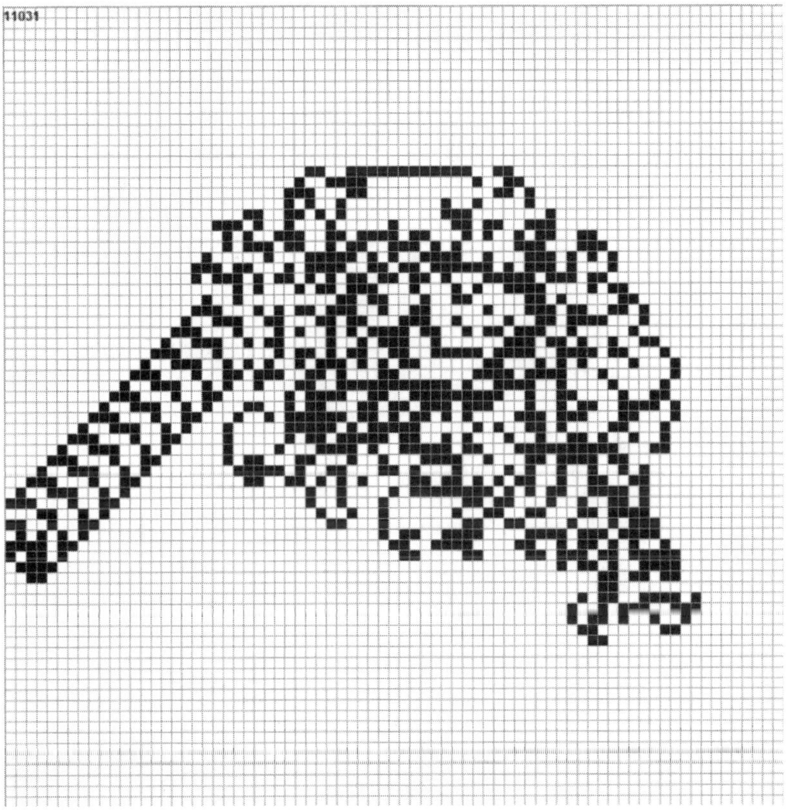

On aime comparer cette « émergence » à celle de la vie. Comprendre comment des règles aussi simples et symétriques que celles de la fourmis de Langton nous entraine tout de même à travers une phase chaotique ; et pouvoir présager de ce que ce chaos finisse par produire une situation nouvelle définissant sa propre règle de progression ; nous aiderait peut-être un peu à comprendre comment les différents éléments qui constituent l'univers ont pu faire émerger la vie...

Mini-projets (R)

Piano virtuel

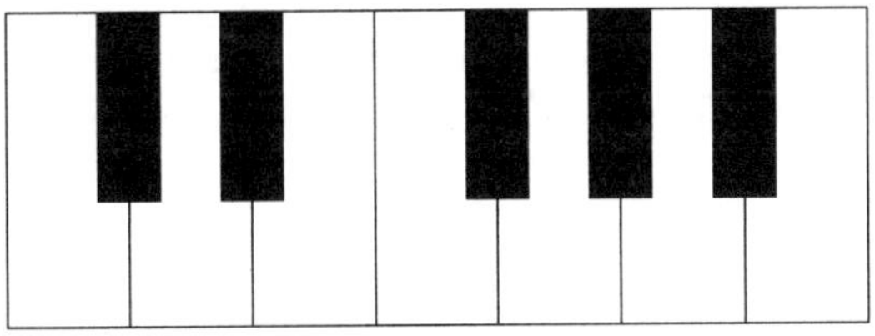

Objectif principal

Le but de ce mini-projet est de programmer une interface graphique représentant un piano dont chaque touche est cliquable et produit une note ou un son spécifique.

Il y a deux difficultés dans ce mini-projet.

- ⋆ La première est d'être en mesure de demander la lecture d'un son (enregistré) ou d'une note (synthétisée) à la carte son de l'ordinateur.
- ⋆ La seconde est l'interface graphique elle-même : détecter et analyser les clics de souris en temps réel.

Si ce mini-projet est réalisé par deux élèves, chacun prendra naturellement en charge l'une des deux difficultés énoncées.

Élève 1	Élève 2
Commande de son (à la carte graphique)	Interface graphique (clic de souris)

Ce mini-projet peut être réalisé par trois élèves :

On peut partager le travail sur le son. L'un cherchera à synthétiser une note quand l'autre cherchera à lire un fichier son.

On peut également partager le travail sur l'interface graphique. L'un dessinera le piano et s'occupera de récupérer le clic de la souris quand l'autre traitera ces données (pour associer un clic sur l'image à une note)...

1 - Synthétiseur

Objectif 1

Le but de cette partie est d'utiliser le synthétiseur MIDI de java : Faire jouer les notes d'une gamme à la carte son.

Norme MIDI

MIDI signifie *Musical Instrument Digital Interface.* C'est une norme de communication entre instruments. Elle permet le transfert d'informations sur les notes jouées.

Pour utiliser cette norme MIDI sur notre système, nous utiliserons la classe `MidiSystem`. Elle permet d'instancier l'objet `Synthesizer` qui lui-même fournit l'accès à différents canaux de type `MidiChannel` pour envoyer nos instruction de notes à jouer à la carte son :

```
// On << branche >> le synthétiseur.
Synthesizer synthe = MidiSystem.getSynthesizer();
// On allume le synthétiseur.
synthe.open();
// On liste les canaux disponibles (de la table de mixage).
MidiChannel[] canaux = synthe.getChannels();
/* ... */
// On éteint le synthétiseur.
synthe.close();
```

Les deux premières instructions sont susceptibles d'envoyer des messages d'erreurs de type `MidiUnavailableException` qui doivent être prises en compte.

On donne ci-dessous un programme minimal montrant comment allumer puis éteindre le synthétiseur.

```
import javax.sound.midi.MidiSystem;
import javax.sound.midi.Synthesizer;
import javax.sound.midi.MidiChannel;
import javax.sound.midi.MidiUnavailableException;

void main() {
  Synthesizer synthe = null;
  try { // Tentative d'allumage du synthétiseur.
    synthe = MidiSystem.getSynthesizer();
    synthe.open();
  } catch (MidiUnavailableException e) { println(e); }
  /* ... */
  synthe.close();
}
```

On peut maintenant envoyer nos instructions à travers les deux méthodes suivantes de la classe `MidiChannel` :

⋆ `noteOn(int note, int force)`

Joue sur le canal la `note` comprise entre 0 et 127 (60 pour un do et une unité par demi-ton) avec la `force` indiquée.

```
canaux[0].noteOn(60,120);
```

⋆ `noteOff(int note)`

S'assure que la `note` se termine.

```
canaux[0].noteOff(60);
```

Ex. R1 *Écrire le programme minimal permettant de jouer la note do.*

Il reste, pour cette partie, à associer une note (numérotée de 60 à 71) à chaque position potentielle (x,y) de la souris. On se base sur le graphique suivant :

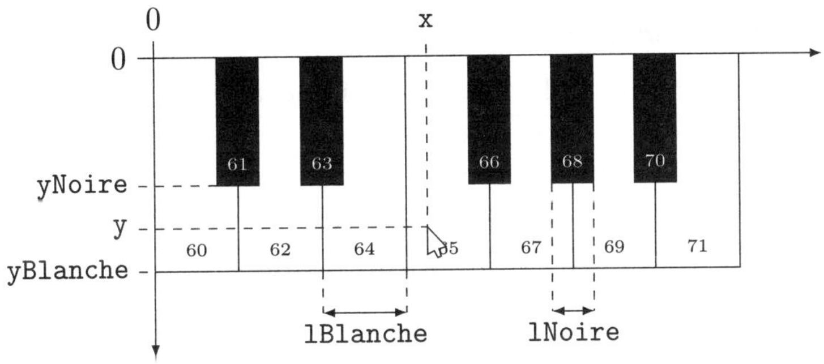

On donne par exemple :

```
final int yNoire = 150, yBlanche = 250, lBlanche=100, lNoire = 50;
```

Ex. R2 *Écrire la fonction* `note()` *qui prend deux entiers* `x` *et* `y` *en paramètres et renvoie la note (sous la forme d'un entier entre 60 et 71) correspondante au schéma ci-dessus.*

2 - L'interface

Objectif 2

Le but de cette partie est double : dessiner l'interface et la rendre « cliquable ».

Ex. R3 *Écrire la fonction* `initPiano()` *qui dessine et affiche l'image des touches d'un piano vérifiant les cotes du graphique ci-dessus.*

On utilisera la classe `BufferedImage` *et la méthode* `setRGB()`*.*

Pour tenir compte des clics de la souris, il faut demander au panneau de les *écouter*. On utilise l'interface `MouseListener` implémentant la classe `MouseAdapter` et proposant les méthodes :

⋆ **`void mouseClicked(MouseEvent e)`**
Exécuté quand un bouton de la souris a été cliqué (pressé/relâché).

⋆ **`void mouseEntered(MouseEvent e)`**
Exécuté quand la souris entre sur le composant.

⋆ **`void mouseExited(MouseEvent e)`**
Exécuté quand la souris sort du composant.

⋆ **`void mousePressed(MouseEvent e)`**
Exécuté quand un bouton de la souris a été pressé.

⋆ **`void mouseReleased(MouseEvent e)`**
Exécuté quand un bouton de la souris a été relâché.

Sans rentrer plus dans les détails, on importe :

```
import java.awt.event.MouseAdapter;
import java.awt.event.MouseListener;
import java.awt.event.MouseEvent;
```

Ce qui permet d'écrire :

```
MouseListener ml = new MouseAdapter() {
  public void mousePressed(MouseEvent e) {
    /* ... */
  }
};
getPane().addMouseListener(ml);
/* ... */
getPane().removeMouseListener(ml);  // important
```

La dernière ligne, qui retire l'écouteur, est importante car, tant que Java's Cool fonctionne, le panneau de la proglet existe. L'écouteur ne s'enlève pas tout seul et la méthode `removeAll()` ne l'enlève pas. Mais à la fin de l'exécution du programme, l'instance de classe qui a permis de créé l'écouteur, elle, est effacée. Le plus simple est alors de fermer puis rouvrir Java's Cool.

Une fois événement généré, on peut utiliser les deux méthodes de la classe `MouseEvent` :

⋆ **`getX()`**
Renvoie la position horizontale de l'événement sur le composant. (C'est-à-dire ici le panneau de la proglet : 0 à gauche.)

```
int x = e.getX();
```

⋆ `getY()`

Renvoie la position verticale de l'événement sur le composant.

```
int y = e.getY();
```

Ex. R4 *Dans le* **main()**, *on définit une étiquette de contrôle sur le panneau :*

```
JLabel controle = showText("Coordonnées du clic",0,0,1);
```

Compléter par un écouteur de la souris qui replace **controle** *là où est la souris et affiche les coordonnées de la souris. (On pourra utiliser la commande* **sleep(10000);** *pour attendre 10s entre l'ajout de l'écouteur et sa suppression).*

3 - Finalisation

Pour terminer ce mini projet, on rassemble toutes les fonctions (et donc toutes les importations de classe) dans un même programme et on fusionne les deux `main()`.

Ex. R5 *Finir le travail pour que le clic sur une touche joue la note correspondante.*

On peut, par exemple, imaginer poursuivre ce mini-projet vers un jeu du type « jeu du Simon ». Tout projet attendant le clic de la souris sur une image (avec ou sans son) est également adapté...

- Solutions des exercices

Retour sur l'exercice R1 Jouer un do

```
import javax.sound.midi.MidiSystem;
import javax.sound.midi.Synthesizer;
import javax.sound.midi.MidiChannel;
import javax.sound.midi.MidiUnavailableException;

void main() {
  Synthesizer synthe = null;
  try { // Tentative d'allumage du synthétiseur.
    synthe = MidiSystem.getSynthesizer();
    synthe.open();
  } catch (MidiUnavailableException e) { println(e); }
  MidiChannel[] canaux = synthe.getChannels();
  canaux[0].noteOn(60, 120);
  sleep(2000);
  canaux[0].noteOff(60);
  synthe.close();
}
```

Retour sur l'exercice R2 Fonction `note()`

Le quotient `x/lBlanche` permet d'obtenir le numéro (de 0 à 6) de la touche blanche correspondante.

Si `y>yNoire` il suffit s'associer ce numéro à une note, par exemple à l'aide d'un tableau :

```
final int[] notesBlanches = {60, 62, 64, 65, 67, 69, 71};
```

Pour les touches noires, on peut s'intéresser, en plus, au reste pour déterminer si on a affaire à un bémol ou un dièse. On utilisera par exemple le tableau :

```
final int[] notesNoires = {-1, 61, 63, -1, 66, 68, 70, -1};
```

```
int note (int x, int y) {
  final int[] notesBlanches = {60, 62, 64, 65, 67, 69, 71};
  final int[] notesNoires = {-1, 61, 63, -1, 66, 68, 70, -1};
  int q = x / lBlanche;
  int r = x % lBlanche;
  int note=-1;
  if (y<yNoire) {
    if (r<lNoire/2)
      note = notesNoires[q];
    if (r>lBlanche-lNoire/2)
      note = notesNoires[q+1];
  }
  if (note<0)
    note = notesBlanches[q];
  return note;
}
```

Retour sur l'exercice R3 La fonction initPiano()

```
import javax.swing.JLabel;
import javax.swing.ImageIcon;
import java.awt.image.BufferedImage;

final int yNoire = 150, yBlanche = 250, lBlanche=100, lNoire = 50;
final int blanc=0xFFFFFFFF, noir=0xFF000000, gris=0xFFAAAAAA;

void initPiano() {
  BufferedImage piano = new BufferedImage(lBlanche*7+1,
    yBlanche+1, BufferedImage.TYPE_INT_ARGB);
  // Dessin des touches blanches
  for (int y = 0;y<yBlanche+1;y++)
    for (int x=0;x<lBlanche*7+1;x++)
      piano.setRGB(x,y,blanc);
  for (int i = 0;i<=7;i++)
    for (int j=0;j<yBlanche+1;j++)
      piano.setRGB(i*lBlanche,j,gris);
  for (int i = 0;i<lBlanche*7+1;i++) {
    piano.setRGB(i,0,gris);
    piano.setRGB(i,yBlanche,gris);
  }
  // Dessin des touches noires
  for (int n=0;n<6;n++){
    if (n==2) n++;
    for (int
    i=(n+1)*lBlanche-lNoire/2;i<(n+1)*lBlanche+lNoire/2;i++)
      for (int j=0;j<yNoire+1;j++)
        piano.setRGB(i,j,noir);
  }
  // Affichage
  JLabel fond = new JLabel(new ImageIcon(piano));
  fond.setLocation(0,0);
  fond.setSize(fond.getPreferredSize());
  getPane().add(fond, new Integer(0));
}
```

Retour sur l'exercice R4 Test d'un écouteur

```
void main(){
  getPane().removeAll();
  JLabel controle = showText("Coordonnées du clic",0,0,1);
  MouseListener ml = new MouseAdapter() {
    public void mousePressed(MouseEvent e) {
      controle.setText(e.getX()+" ; "+e.getY());
      controle.setLocation(e.getX(),e.getY());
    }
  };
  getPane().addMouseListener (ml);
  sleep(10000);
  getPane().removeMouseListener (ml);
}
```

Remarque : si le programme s'arrête avant de supprimer l'écouteur, celui-ci reste en place et se cumule avec une autre exécution du programme. Si de tels problèmes surviennent, relancer Java's Cool.

Retour sur l'exercice R5 Le main() final

```
void main(){
  // Initialisation
  getPane().removeAll();
  initPiano();

  // Allumage du synthétiseur
  Synthesizer synthe = null;
  try {
    synthe = MidiSystem.getSynthesizer();
    synthe.open();
  } catch (MidiUnavailableException e) { println(e); }
  MidiChannel[] channels = synthe.getChannels();

  // Affectation d'une note à une touche
  MouseListener ml = new MouseAdapter() {
    public void mousePressed(MouseEvent e) {
      channels[0].noteOn(note(e.getX(),e.getY()),120);
    }
  };
  getPane().addMouseListener(ml);

  // 10s pour jouer
  sleep(10000);

  // Fermeture
  for (int n=60;n<72;n++) channels[0].noteOff(n);
  synthe.close();
  getPane().removeMouseListener(ml);
}
```

Mini-projets (S)

Le clavier en « temps réel »

Il s'agit ici de réussir à piloter l'exécution d'un programme au clavier. On connaît déjà la commande `readString()` par exemple, mais c'est une commande bloquante (qui met le reste de l'exécution du programme en pause ; en attente d'une réponse). Le but ici est de pouvoir réagir « instantanément » à l'appui d'une touche du clavier, sans pour autant mettre en pause le reste du programme.

Objectif général

Le but de ce mini-projet est de programmer un petit jeu de rapidité : une lettre s'affiche au hasard à l'écran et le joueur a exactement deux secondes pour appuyer sur la touche correspondante du clavier. S'il réussit, une autre lettre s'affiche immédiatement et le décompte reprend pour deux secondes.

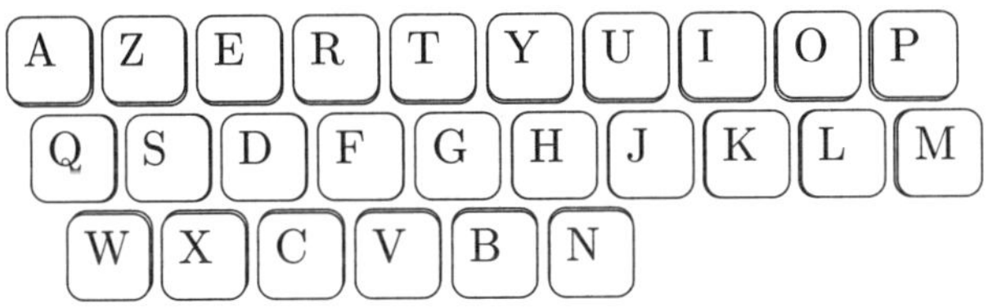

Écouter et réagir au clavier est la difficulté de ce mini-projet, mais il existe une solution courte que tous les membres du groupe devront étudier.

Une personne devra ensuite s'occuper du jeu proprement dit : affichage d'une lettre au hasard.

Une personne devra s'occuper de l'attente des deux secondes (au plus) entre deux affichages de lettre en affichant un compte à rebours.

Élève 1	Élève 2
Affichage des lettres	Décompte d'attente

1 - Écouter le clavier

Objectif 1

Le but de cette partie, commune au groupe, est d'appréhender la notion d'évènement et d'utiliser un écouteur (pour le clavier).

Pour tenir compte du clavier, il faut demander au panneau de l'*écouter*. On utilise l'interface `KeyListener` implémentant la classe `KeyAdapter` et proposant les méthodes :

⋆ **`void keyPressed(KeyEvent e)`**

Exécuté quand une touche du clavier a été appuyée.

⋆ **`void keyReleased(KeyEvent e)`**

Exécuté quand une touche du clavier a été relâchée.

⋆ **`void keyTyped(KeyEvent e)`**

Exécuté quand une touche du clavier a été tapée.

Sans rentrer plus dans les détails, on importe :

```
import java.awt.event.KeyAdapter ;
import java.awt.event.KeyListener;
import java.awt.event.KeyEvent;
```

Ce qui permet d'écrire par exemple :

```
String clavier ="";
KeyListener kl = new KeyAdapter () {
  public void keyPressed (KeyEvent e) {
    clavier = KeyEvent.getKeyText(e.getKeyCode());
  }
};
void main() {
  getPane().addKeyListener(kl);
  getPane().requestFocus();              // important
  while(clavier.equals("")) sleep(20);
  getPane().removeKeyListener(kl);  // important
}
```

Un seul panneau, à la fois, pouvant être concentré pour écouter le clavier, le `requestFocus` est indispensable. De plus, le panneau de JavaProg étant créé au moment du lancement de la proglet, le `removeMouseListener` est indispensable si on ne veut pas se retrouver avec une accumulation d'écouteurs (auquel cas, relancer Java's Cool devient une bonne idée...).

Ex. S1 *Expliquer les éléments et le but de l'algorithme précédent.*

On remarque qu'une fois l'écouteur mis en place, il n'est jamais appelé par le programme lui-même. C'est le gestionnaire d'évènements, lié au système d'exploitation, qui communique directement avec l'écouteur concentré (qui a le *focus*). Ainsi, cet écouteur est en attente d'évènements, indépendamment de ce qui se passe dans l'exécution du programme. C'est bien ce que l'on souhaitait.

2 - Affichage d'une lettre au hasard

Objectif 2

Le but de cette partie est de générer aléatoirement, toutes les deux secondes, l'affichage d'une lettre sur le panneau.

Affichage personnalisé

Ex. S2 *Écrire un programme pour afficher la lettre* `A` *dans un* `JLabel` *que l'on appellera* `affichage`*.*

On introduit ici une nouvelle classe de `awt` :

```
import java.awt.Font;

Font font = new Font("Arial",Font.PLAIN,100);
```

Elle sert à modifier la police de caractère utilisée lors de l'affichage.

⋆ Le premier paramètre est le nom de la police (un `String`).
  On peut obtenir une liste de noms de police (dépendante du système d'exploitation) avec :

```
import java.awt.GraphicsEnvironment;

void main() {
  GraphicsEnvironment gE =
    GraphicsEnvironment.getLocalGraphicsEnvironment();
  String[] liste = gE.getAvailableFontFamilyNames();
}
```

⋆ Le second paramètre est le style de caractère :
  Font.PLAIN ; Font.BOLD ; Font.ITALIC ; Font.BOLD|Font.ITALIC

⋆ Le troisième paramètre est la taille des caractères.

On fixe la police de notre `affichage` avec la commande :

```
affichage.setFont(font);
```

Ex. S3 *Compléter le programme précédent avec un choix de police et de taille pour l'`affichage`.*

Préparation de la boucle du jeu

On souhaite utiliser la boucle suivante pour le jeu (la rajouter au `main`) :

```
while(clavier.equals("")) {
  rafraichir();
  attendre();
}
```

`rafraichir()` doit permettre de passer d'une étape à l'autre du jeu et `attendre()` doit permettre l'interaction avec l'utilisateur. Pour l'exercice suivant, on pourra utiliser :

```
String clavier = "";

void attendre() {
  clavier = "Fin";
}
```

Ex. S4 *Écrire la fonction `rafraichir()` pour qu'elle modifie au hasard le texte, la position et la taille du `JLabel affichage`, avec :*

- ⋆ *Le choix du texte au hasard entre* "A" *et* "Z"
- ⋆ *La taille aléatoire entre 20 et 200.*
- ⋆ *La position aléatoire dans le panneau.*

On utilisera les méthodes `getWidth()` et `getHeight()` applicables au panneau et au `JLabel`.

3 - Décompte d'attente

Objectif 3

Le but de cette partie est de programmer l'attente des deux secondes maximum et d'afficher le score.

On part du programme proposé en première partie (avec l'écouteur) et on remplace `sleep(20);` par `attendre();` dans la boucle.

Ex. S5 *Écrire la fonction `attendre()` qui réinitialise `clavier` à* `""` *et attend jusqu'à deux secondes ou jusqu'à ce que `clavier` ne soit plus* `""`.

On ajoute une variable globale pour afficher le décompte des deux secondes :

```
import javax.swing.JLabel;
JLabel decompte = null;
```

On l'initialise dans le `main()` :

```
decompte = showText("20",0,0,0);
```

Ex. S6 *Modifier la fonction* `attendre()` *en utilisant la variable* `decompte` *pour afficher un décompte des deux secondes en dixièmes de seconde (de 20 à 1).*

- Finalisation

Il s'agit ici de fusionner les deux dernières parties. Le `main()` devrait alors ressembler à :

```
void main() {
  getPane().removeAll();
  decompte = showText("20",0,0,0);
  affichage = showText("",0,0,1);
  getPane().addKeyListener(kl);
  getPane().requestFocus();
  Font font = new Font("Arial",Font.PLAIN,60);
  affichage.setFont(font);
  affichage.setSize(affichage.getPreferredSize());
  while(clavier.equals(affichage.getText())) {
    rafraichir();
    attendre();
  }
  getPane().removeKeyListener(kl);
}
```

Une solution complète est accessible sur le site avec le code CLAVIER .

Une poursuite possible en projet est un jeu dit de « runner ». Les touches servent à déplacer un personnage d'une route prédéfinie possible à l'autre. L'« attente », au lieu d'afficher un compte à rebours, fait apparaître des obstacles aléatoires sur ces routes.

- Solutions des exercices

Retour sur l'exercice S1 Explications

- ⋆ `clavier` est la variable à laquelle l'écouteur affecte le texte de la touche appuyée.
- ⋆ `kl` est l'écouteur : quand une touche a été appuyée (`keyPressed`), on récupère le `keyCode` dont on déduit `keyText` qui est affecté à `clavier`.
- ⋆ Dans le `main()`, une boucle « tant que » accumule des attentes de 20 ms. On sort de la boucle dès qu'une touche a été appuyée (`clavier` n'étant alors plus égal à `""`).

Bilan : Ce programme attend l'appui d'une touche pour s'arrêter.

Retour sur l'exercice S2 Affichage

En en-tête :

```
import javax.swing.JLabel;
JLabel affichage = null;
```

Puis dans le `main()` :

```
  getPane().removeAll();
  affichage = showText("A",0,0,1);
```

Retour sur l'exercice S3 Affichage personnalisé

```
import javax.swing.JLabel;
import java.awt.Font;

void main() {
  getPane().removeAll();
  JLabel affichage = showText("A",0,0,1);
  Font font = new Font("Arial",Font.PLAIN,60);
  affichage.setFont(font);
  affichage.setSize(affichage.getPreferredSize());
  getPane().repaint();
}
```

Retour sur l'exercice S4 Fonction `rafraichir()`

```
void rafraichir() {
   affichage.setText(""+(char)random(65,91));
   Font font = new Font("Arial",Font.PLAIN,random(20,201));
   affichage.setFont(font);
   affichage.setSize(affichage.getPreferredSize());
   int x = random(0,(getPane().getWidth()-affichage.getWidth()));
   int y =
    random(0,(getPane().getHeight()-affichage.getHeight()));
   affichage.setLocation(x,y);
}
```

Retour sur l'exercice S5 La fonction `attendre()`

Avec une boucle tant que :

```
void attendre() {
  clavier="";
  int t=0;
  while (t<100&&clavier.equals("")) {
    sleep(20);
    t++;
  }
}
```

On peut condenser l'écriture avec une boucle « pour » :

```
void attendre() {
  clavier="";
  for (int t=0;t<100&&clavier.equals("");t++) {
    sleep(20);
  }
}
```

Retour sur l'exercice S6 Décompte des deux secondes en dixièmes de seconde :

```
void attendre() {
  clavier="";
  for (int t=20;t>0&&clavier.equals("");t--) {
      decompte.setText(""+t);
      sleep(100);
    }
}
```

Le `""+...` dans `.setText()` permet de bien envoyer un `String` à la méthode.

Mini-projets (T)

Déformation d'images

Le *warping* ou déformation d'image consiste à transformer une image source en une image résultante en modifiant la position de chaque pixel (sans modification de leurs couleurs). Le résultat ressemble à ce que l'on pourrait voir dans un miroir déformant.

Pour la suite, on note f la fonction qui, à chaque couple $(x\ ;\ y)$ de coordonnées d'un point de l'image source fait correspondre ses coordonnées $(x'\ ;\ y') = f(x\ ;\ y)$ dans l'image résultantes.

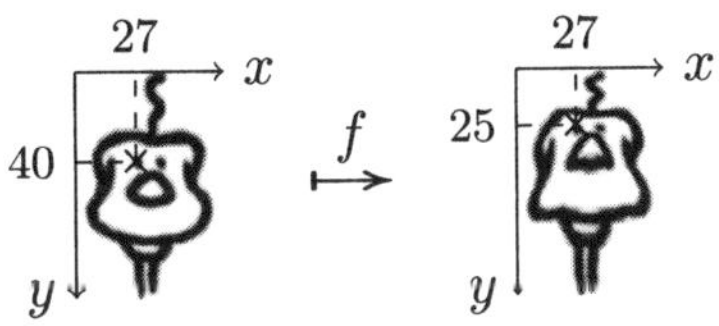

$f(27\ ;\ 40) = (27\ ;\ 25)$

Objectif général
Le but de ce mini-projet est de programmer une déformation d'image par une fonction f dont on ne connaît qu'un petit tableau de valeurs.

Une personne seule peut s'occuper de la déformation pour une fonction f définie à partir du déplacement de 1 à 3 points de l'image (les autres points de l'image devant « suivre » le déplacement de ces points).

Si on modifie plus de trois points, alors on peut définir un *maillage* de l'image à partir de ces points, que l'on peut choisir à mailles triangulaires. Chaque maille peut alors être transformée en ne considérant que le déplacement de ses trois sommets. L'objectif précédent est donc suffisant pour la déformation si un maillage est créé.

L'autre personne devra donc s'occuper de la création et des possibilités de modification (simple) d'un maillage à mailles triangulaires.

Élève 1	Élève 2
Déformation à 3 points	Création d'un maillage

1 - Déformation à trois points

Objectif 1

Le but de cette partie est la programmation d'une déformation d'image définie par le déplacement de un à trois points de cette image.

a) Avec un seul point de contrôle

Si on ne connait qu'une valeur de $f : (x_A \ ; \ y_A) \mapsto (x_{A'} \ ; \ y_{A'})$ alors une simple translation vecteur $\overrightarrow{AA'}$ valide le déplacement du point A.

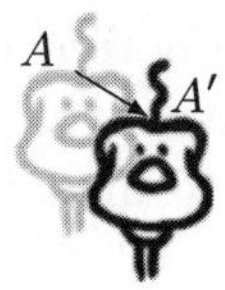

On choisit ici de représenter les coordonnées des points sous la forme de tableaux de deux entier :

$A'(20 \ ; \ 10)$ donne

20	10

```
// Variables globales
int [] A = {0, 0};
int [] I = {20 , 10};  // I pour A' car <<'>> n'est pas possible.
```

Ex. T1 *Programmer la fonction :*

int [] f1 (int [] M)

renvoie l'image M' du point M par la translation de vecteur $\overrightarrow{AA'}$.

On charge une image source ("tete.png" de 67 pixels sur 100) et on prépare une image résultante de la même taille pour une translation :

```
void main() {
  loadImage(1,"images/tete.png");
  createImage (2,getImageWidth(1),getImageHeight(1));
  tranlation (1,2);
  showPipImage();
}
```

Ex. T2 *Programmer la fonction :*

void tranlation (int img1, int img2)

utilise f pour dessiner sur l'image `img2` *la translation de l'image* `img1`.

b) Avec deux points de contrôle

Cela correspond à la manipulation habituelle d'une image avec deux doigts sur un écran tactile par exemple.

Si A est fixe ($A' = A$), distinct de B et B', et que A, B et B' sont alignés (donc $\overrightarrow{AB'} = k\overrightarrow{AB}$), on peut résoudre la situation par une homothétie de centre A. Il suffit de choisir son rapport k pour que l'image de B soit B'. On peut alors déduire de tout M', son point M résultant par : $\overrightarrow{AM'} = k\overrightarrow{AM}$.

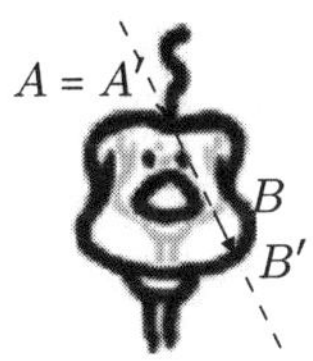

On réunit les points sources A et B dans un même tableau ; les points résultats A' et B' dans un autre :

```
// Variables globales
int [] [] sources = {  {0, 0}    , {50, 50}};
int [] [] results = {sources[0]  , {25, 25}}; // pour une
    réduction.
```

Ex. T3 *Programmer les fonctions :*

`int [] f2 (int [] M)`

renvoie l'image du point M par l'homothétie de centre `sources[0]` *transformant* `sources[1]` *en* `results[1]`.

`void homothetie (int img1, int img2)`

utilise `f2()` *pour dessiner sur l'image* `img2` *l'homothétie de l'image* `img1`.

Que se passe-t-il si on remplace `{25, 25}` *par* `{100, 100}` *?*

Si A est fixe ($A' = A$) et que $AB' = AB$, on en déduit une rotation de centre A.

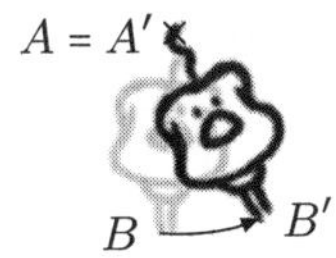

Dans tous les cas, on peut décomposer la transformation par translation, rotation et homothétie. De toutes ces transformations, on peut déduire mathématiquement les « fonctions f » correspondantes. Mais aucune de ces transformations ne « déforme » l'image (on dit d'ailleurs que ce sont des *similitudes*). Pour déformer l'image, on va donc utiliser trois points de contrôle.

c) Avec trois points de contrôle

Dans cette partie, on suppose connues les coordonnées de trois points A', B' et C' résultants, par la fonction f, des coordonnées de trois points sources A, B et C.

Pour voir ce que ce troisième point (C) apporte comme transformation, fixons $A = A'$ et $B = B'$:

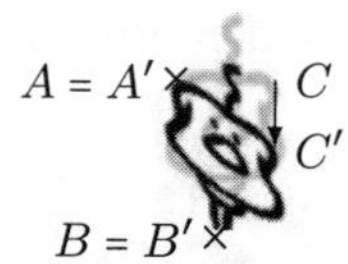

Cette fois, on observe bien une déformation.

Pour déterminer la position de chaque point et donc définir f sur l'image entière, on passe par un invariant : les coordonnées de M (respectivement M') dans le repère $(A; B; C)$ (respectivement $(A'; B'; C')$).

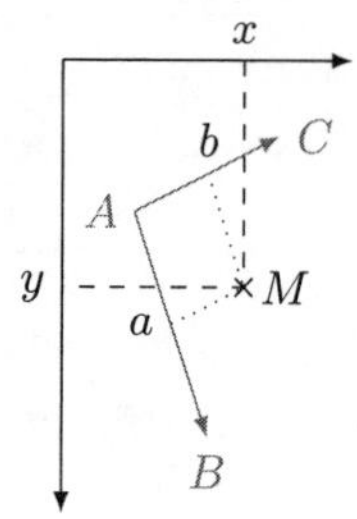

f

$(x; y) \mapsto (x'; y')$

$(a; b)$ invariant

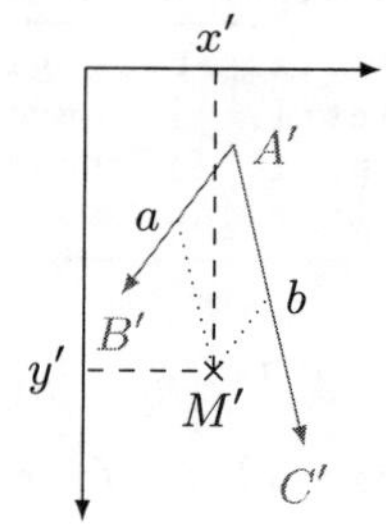

Pour éviter d'obtenir des blancs dans l'image résultante, on choisit ici l'algorithme suivant :

```
Pour tout couple (x';y') de l'image résultante :
  Calculer le couple (a;b) (invariant entre les deux images)
  En déduire le couple (x;y) de l'image source.
  Reproduire la couleur du pixel correspondant
```

Pour calculer les coordonnées $(a; b)$ de M' dans le repère $(A'; B'; C')$ connaissant les coordonnées de tous ces points dans le repère orthonormé $(O; \vec{u}, \vec{v})$ habituel de la figure, il suffit de résoudre l'équation :

$$\overrightarrow{A'M'} = a\overrightarrow{A'B'} + b\overrightarrow{A'C'}$$

Si $\overrightarrow{A'M'}\begin{pmatrix} X \\ Y \end{pmatrix}$, $\overrightarrow{A'B'}\begin{pmatrix} U \\ V \end{pmatrix}$ et $\overrightarrow{A'C'}\begin{pmatrix} S \\ T \end{pmatrix}$ dans $(O; \vec{u}, \vec{v})$ elle se réécrit :

$$\begin{cases} X = aU + bS \\ Y = aV + bT \end{cases}$$

Ce système se résout classiquement :

$$a = \frac{XT - SY}{UT - SV} \quad \text{et} \quad b = \frac{UY - XV}{UT - SV}$$

Remarque : $UT - SV = 0$ si et seulement si A', B' et C' sont alignés. Dans ce cas, le calcul n'aboutit pas car (A', B', C') n'est pas un repère. Dans le cas contraire (supposé ici) on récupère ensuite la position de M via :

$$\overrightarrow{AM} = a\overrightarrow{AB} + b\overrightarrow{AC}$$

On propose les variables et le `main()` suivants :

```
// Variables globales
int [] [] sources = {{0 , 0} , {50 , 0} , {25 , 99}};
int [] [] results = {{0 , 50} , {60 , 0} , {50 , 80}};

void main() {
  loadImage(1,"chemin/tete.png");
  createImage (2,getImageWidth(1),getImageHeight(1));
  warp(1,2);
  showPipImage();
}
```

Ex. T4 *Programmer la fonction :*

`void warp (int img1,int img2)`
déforme l'image source numéro `img1` en dessinant l'image résultante `img2` à l'aide d'une fonction f transformant les coordonnées de `sources` en celles de `results`.

Pour déformer une image en utilisant davantage de points de contrôle, on relie ces points pour former des triangles de sorte que chaque point de la figure soit situé dans un seul triangle (ou sur un bord commun). On utilise alors l'algorithme précédent dans chaque triangle en se servant des trois sommets comme points de contrôle.

Ex. T5 *Modifier la fonction `warp()` pour qu'elle ne dessine que les points situés à l'intérieur ou sur le bord du triangle formé par les points de contrôle sur pour l'image résultante.*

2 - Création d'un maillage

Un maillage est défini par des points et des mailles (définies en reliant certains de ces points), le tout recouvrant une surface donnée. Pour ce mini-projet, on a choisi un maillage à mailles triangulaires recouvrant une image.

L'image étant rectangulaire, le maillage (à mailles triangulaires) le plus élémentaire est constitué de quatre points (les sommets du rectangle à recouvrir) et deux triangles :

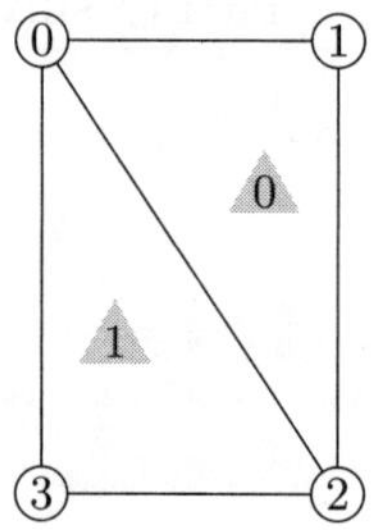

Pour déformer l'image, l'idée est de modifier la position des points et de faire « suivre » l'image. On va donc utiliser deux tableaux pour définir les points avant et après déformation et un troisième pour définir les triangles. Cela donne par exemple (pour une image de 50 pixels sur 100) :

```
// Variables globales
int [] [] sources = {{0, 0} , {49, 0}, {49, 99}, {0, 99}};
int [] [] results = {{0, 0} , {30, 30}, {49, 99}, {0, 99}};
int [] [] triangles = {{0,1,2}, {0,2,3}};
```

Exemples :

- ⋆ Le triangle ▲0 = `triangles[0] = {0,1,2}` relie les points ⓪ , ① et ②
- ⋆ Le point ① est de coordonnées : `sources[1] = {49,0}` dans l'image source et `results[1] = {30,30}` dans l'image résultante.

Objectif 2
Le but de cette partie est la programmation d'algorithmes permettant la mise au point d'un maillage. On pourra choisir l'une des actions (« bascule », « division » ou « collage » ...) décrites ci-après.

On pourrait choisir d'agir directement sur les points du maillage ou sur ses mailles. Le choix a été fait ici d'agir sur un intermédiaire : les segments qui sont à la fois, un lien entre deux points, et le bord d'une maille.

Bascule

Un segment entre deux points d'un maillage appartient au bord de deux mailles au maximum. Le segment ⓪—② de la figure ci-dessous par exemple est sur le bord des triangles ▲0 et ▲1. Dans ce cas, la *bascule* du segment ⓪—② le supprime au profit du segment ①—③.

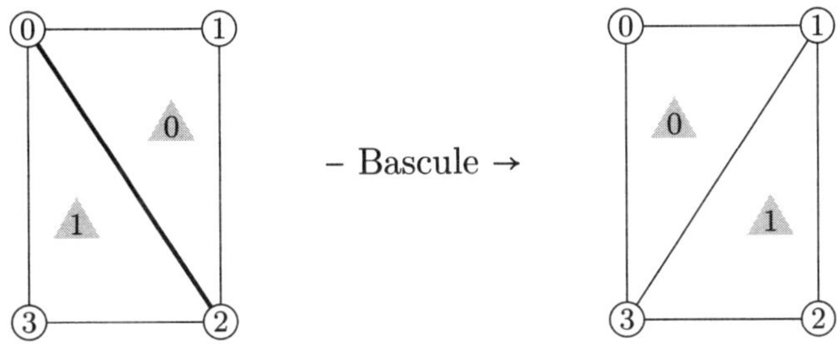

Division

Un segment joignant deux points d'un maillage peut être *divisé*. Cela consiste à créer un nouveau point au centre du segment permettant de couper en deux les mailles dont ce segment est un bord.

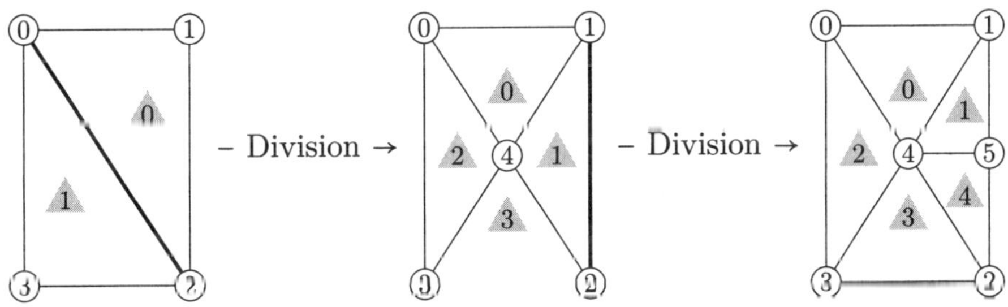

Collage

On peut supprimer un segment du maillage (avec les mailles dont il est le bord). Cela revient visuellement à *coller* les extrémités du segment l'une sur l'autre au centre de ce segment.

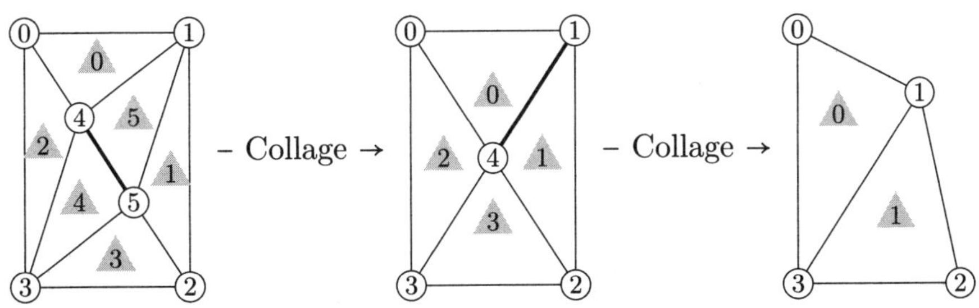

Dans les trois cas, on voit que l'on a sélectionné un segment et que l'on a agit sur chaque triangle dont il est un bord.

Ex. T6 *Programmer la fonction :*

```
int [] trianglesDeBord(int p1, int p2)
```

renvoie les indices des triangles (entre `0` *et* `triangles.length`*) contenant les points d'indices* `p1` *et* `p2` *dans* `sources`*. La taille du tableau renvoyé donne le nombre de triangles dont un bord est le segment* (p1)—(p2).

Pour écrire les algorithmes des différentes actions détaillées plus haut (bascule, division, collage), on se propose d'utiliser des actions plus élémentaires sur les tableaux de points ou de triangles : ajouter ou supprimer un élément.

- ⋆ **bascule :** supprime deux triangles et en crée deux nouveaux.
- ⋆ **division :** ajoute un point, supprime un ou deux triangle(s) et en ajoute le double.
- ⋆ **collage :** supprime deux points, en rajoute un ; supprime tous les triangles dont un des points était un sommet et recrée autant de triangles que nécessaire avec le nouveau point.

Ex. T7 *Programmer les fonctions :*

```
int [] [] ajoute(int [] [] tab, int [] ajout)
```

renvoie le tableau concaténant l'élément `ajout` *à* `tab`*.*

```
int [] [] supprime(int [] [] tab, int i)
```

renvoie le tableau `tab` *diminué de l'élément d'indice* `i`*.*

On remarque ici que le fait de supprimer un élément d'un tableau décrémente tous les indices des éléments suivants. On prendra donc bien garde si l'on veux supprimer plusieurs éléments de le faire dans l'ordre décroissant de leurs indices...

Ex. T8 *Programmer l'une des fonctions :*

```
void bascule (int p, int q)
void division (int p, int q)
void collage (int p, int q)
```

- Finalisation

Pour finir ce mini-projet, on écrira dans le `main()` un appel à la fonction `warp()` pour chaque triangle des maillages choisis.

Le programme complet de ce mini-projet est disponible avec le code WARP .

Pour aller vers un projet, on pourra prolonger le travail sur le maillage, pour que chaque modification soit réalisable de manière interactive avec la souris. On pourra autrement prolonger le travail sur la déformation pour obtenir des effet de *morphing* (en changeant également la couleur des pixels).

Le projet présenté en troisième partie de cet ouvrage est basé sur ces idées.

- Solutions des exercices

Retour sur l'exercice T1 Fonction `f1()`

```
int [] f1  (int [] M) {
  int [] P = {M[0]+I[0]-A[0],M[1]+I[1]-A[1]};
  return P;
}
```

Et on peut par exemple tester avec :

```
void main(){
  println(f1(I)[0]);
}
```

Retour sur l'exercice T2 Fonction `translation()`

```
void tranlation (int img1, int img2) {
  int [] M, N;  // Points source et résultant
  for (int i=0;i<getImageWidth(img1);i++)
    for (int j=0;j<getImageHeight(img1);j++) {
      M = new int [] {i ,j};
      N = f1(M);
      if ( N[0]>=0 && N[0]<getImageWidth(img1)
        && N[1]>=0 && N[1]<getImageHeight(img1) )
        setPixel(img2,N[0],N[1],getPixelColor(img1,i,j));
    }
}
```

La seule difficulté est que le calcul par $f1$ du point résultant dépasse parfois du cadre de l'image. Dans ce cas, il ne faut pas essayer de le dessiner.

Retour sur l'exercice T3 Fonction `f2()`

```
int [] f2  (int [] M) {
  float k = (float)results[1][0]/(float)sources[1][0];
  int [] N = {(int) (sources[0][0]+k*(M[0]-results[0][0])) ,
              (int) (sources[0][1]+k*(M[1]-results[0][1])) };
  return N;
}
```

La difficulté vient du type des variables, puisque `k` est un réel alors que les coordonnées sont entières.

Pour la fonction `homothetie()` il suffit de remplacer `N = f1(M);` par `N = f2(M);` dans la fonction `translation()`.

Si on remplace `{25, 25}` par `{100, 100}` on observe que l'image résultante est dessinée « en pointillés » car seules les coordonnées entières de l'image source sont utilisées. Pour obtenir une image complète, on peut chercher à compléter les vides par *interpolation* ou en déterminant des antécédents (arrondis aux entiers) de ces points manquants.

Retour sur l'exercice T4 Fonction warp()

```
void warp (int img1,int img2) {
  // Vecteur A'B'(U,V)
  int U=results[1][0]-results[0][0];
  int V=results[1][1]-results[0][1];
  // Vecteur A'C'(S,T)
  int S=results[2][0]-results[0][0];
  int T=results[2][1]-results[0][1];
  // Test de colinéarité
  int D=U*T-S*V;
  if (D!=0) {
    float a,b;
    // Point M'(i,j)
    for (int i=0;i<getImageWidth(img2);i++)
    for (int j=0;j<getImageHeight(img2);j++) {
      a=((i-results[0][0])*T-S*(j-results[0][1]))/(float)D;
      b=(U*(j-results[0][1])-(i-results[0][0])*V)/(float)D;
      // Point M(x,y)
      int x = (int)(sources[0][0]+a*(sources[1][0]-sources[0][0])
                                 +b*(sources[2][0]-sources[0][0]));
      int y = (int)(sources[0][1]+a*(sources[1][1]-sources[0][1])
                                 +b*(sources[2][1]-sources[0][1]));
      if (x>=0 && x<getImageWidth(img1) &&
          y>=0 && y<getImageHeight(img1))
      setPixel(img2,i,j,getPixelColor(img1,x,y));
    }
  }
}
```

Retour sur l'exercice T5 Modification de la fonction warp()

Il suffit pour ne traiter que les points du triangle d'ajouter la condition

```
if (a>=0 && a+b<=1 && b>=0)
```

juste après la définition de a et de b et englobant la fin de la boucle pour.

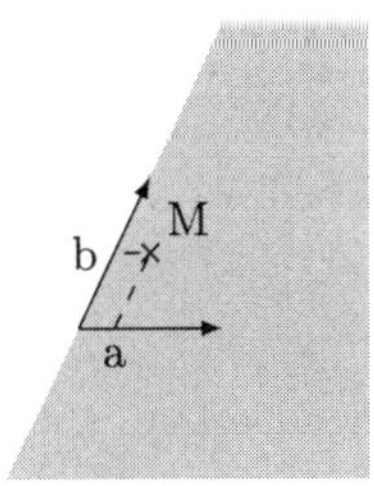

a>=0

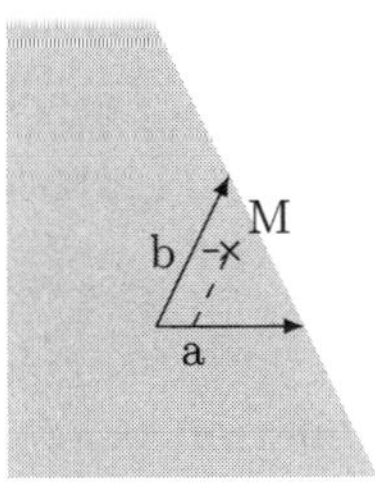

a+b<=1

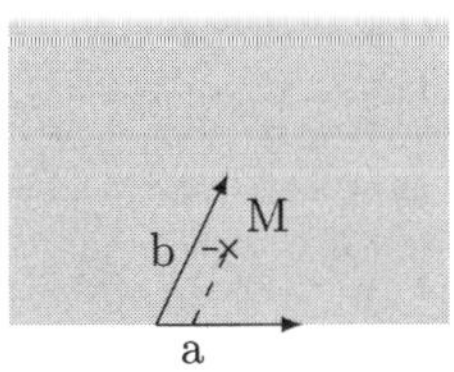

b>=0

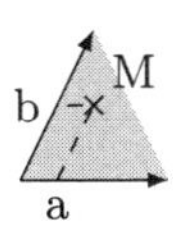

a>=0 && a+b<=1 && b>=0

Retour sur l'exercice T6 Fonction `trianglesDeBord()`

```
int [] trianglesDeBord(int p1, int p2) {
  int [] temp = new int [2]; // maximum 2 triangles par bord
  int cherche = 0;  // indice du triangle testé
  int num = 0;      // nombre de triangles trouvés
  if (p1!=p2)       // seulement si les points sont distincts
    while (cherche<triangles.length && num<2) {
      if ( (    triangles[cherche][0]==p1
             || triangles[cherche][1]==p1
             || triangles[cherche][2]==p1 )
          &&
            (   triangles[cherche][0]==p2
             || triangles[cherche][1]==p2
             || triangles[cherche][2]==p2 ) ) {
        temp[num]=cherche;
        num++;
      }
      cherche++;
    }
  int [] t = new int [num];
  for (int i=0;i<num;i++) t[i]=temp[i];
  return t;
}
```

Retour sur l'exercice T7 Fonction `ajoute()` et `supprime()`

```
int [] [] ajoute(int [] [] tab, int [] ajout) {
  int taille = tab.length;
  int [] [] t = new int [taille+1] [];
  for (int i=0;i<taille;i++) t[i]=tab[i];
  t[taille]=ajout;   // On fait l'ajout à la fin
  return t;
}

int [] [] supprime(int [] [] tab, int i) {
  int taille = tab.length;
  int [] [] t = new int [taille-1] [];
  // on ne touche pas aux premiers
  for (int k=0;k<i;k++) t[k]=tab[k];
  // on décale les autres
  for (int k=i+1;k<taille;k++) t[k-1]=tab[k];
  return t;
}
```

Retour sur l'exercice T8 Fonction `bascule()`

C'est sans doute la plus difficile à cause du test de convexité du quadrilatère à prendre en compte.

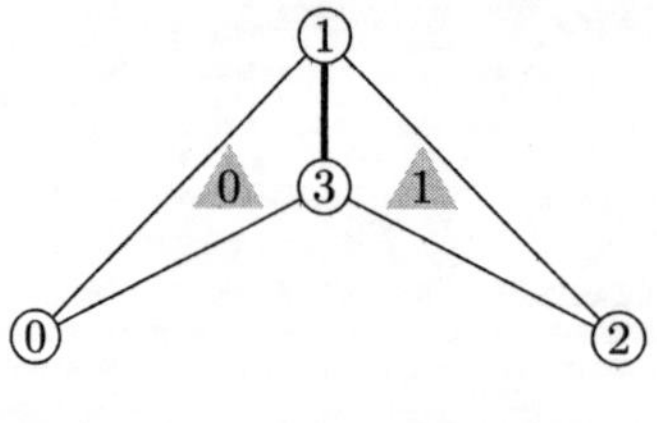

La bascule du segment ①—③ est impossible car les triangles définis par ⓪, ① et ② d'une part et ⓪, ② et ③ d'autre part se chevauchent.

```
void bascule (int p, int q) { // Edge flip
  int [] t = trianglesDeBord(p,q);
  if (t.length==2) { // Si c'est bien le bord de deux triangles
    int [] s = {   // Sommets complétant ces triangles
        triangles[t[0]][0]
       +triangles[t[0]][1]
       +triangles[t[0]][2]
       -p-q
      ,triangles[t[1]][0]
       +triangles[t[1]][1]
       +triangles[t[1]][2]
       -p-q};
    // On teste si la bascule est possible (quadrilatère convexe)
    if (( Math.signum(
          ( (results[p][0]    -results[s[0]][0])
           *(results[s[0]][1]-results[s[1]][1])
          + (results[p][1]    -results[s[0]][1])
           *(results[s[1]][0]-results[s[0]][0])
          )
         ) !=
         Math.signum(
          ( (results[q][0]    -results[s[0]][0])
           *(results[s[0]][1]-results[s[1]][1])
          + (results[q][1]    -results[s[0]][1])
           *(results[s[1]][0]-results[s[0]][0])
          )
         )
       ) && ( Math.signum(
          ( (sources[p][0]    -sources[s[0]][0])
           *(sources[s[0]][1]-sources[s[1]][1])
          + (sources[p][1]    -sources[s[0]][1])
           *(sources[s[1]][0]-sources[s[0]][0])
          )
       ) !=
       Math.signum(
        ( (sources[q][0]    -sources[s[0]][0])
         *(sources[s[0]][1]-sources[s[1]][1])
        + (sources[q][1]    -sources[s[0]][1])
         *(sources[s[1]][0]-sources[s[0]][0])
        ) ) ) )
     {
       supprime(triangles,t[0]);
       supprime(triangles,t[1]);
       ajoute(triangles, new int[]{s[0],s[1],p});
       ajoute(triangles, new int[]{s[0],s[1],q});
     }
  }
}
```

Pour expliquer sans la lourdeur des notations algorithmiques dues à l'emploi des tableaux, renommons les points dans les deux situations :

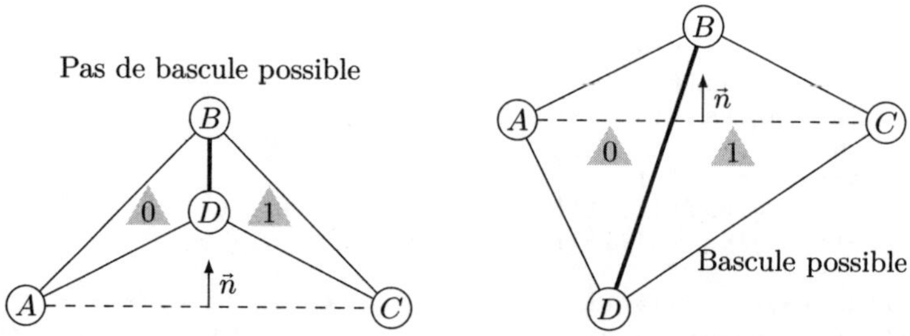

La bascule est « possible » si B et D ne sont pas du même côté de (AC), c'est-à-dire si $\vec{n}.\overrightarrow{AB}$ et $\vec{n}.\overrightarrow{AD}$ n'ont pas le même signe.

Il « suffit » donc de comparer les signes de ces produits scalaires.

Troisième partie

Projet final

Introduction

Les buts de cette partie sont,

d'une part de présenter les attendus pour un « projet final ». Elle reprend certains textes officiels, présente la grille de notation et donne des conseils pour préparer la soutenance, avec un exemple concret de diaporama ;

d'autre part de proposer une aide technique de référence, sous la forme de petit programmes courts, réutilisables.

En terme de programmation, comme d'algorithmique, et à l'image de l'écriture d'un roman par exemple, chacun a son style propre et il y a plus d'une façon d'arriver à un même résultat. Les proposions faites ici ne doivent pas être considérées comme des modèles mais plus comme des pistes qui peuvent être suivies pour arriver à destination.

Projet final (U)

Préparation à l'épreuve

1 - Cadre officiel

Le **projet final** doit être structuré de façon à mettre en évidence :

- ⋆ le but visé et les moyens choisis pour atteindre ce but ;
- ⋆ la démarche de projet qui a conduit au résultat tel que présenté ;
- ⋆ la dimension collaborative du projet liée au travail en équipe (2 à 3 élèves).

a) Le Projet et la soutenance

Elle se fait dans une salle munie d'un dispositif permettant la projection de documents informatiques.

- ⋆ Durée maximale de la présentation : 8 minutes.
- ⋆ Notation relative : 8 points.

Elle s'appuie sur un **dossier-projet** :

- ⋆ Nombre de pages : 5 à 10, hors annexes.
- ⋆ Élaboré à l'aide de l'outil informatique.
- ⋆ Personnel.

Même si ce dossier n'est qu'un support et n'est pas directement évalué, il est précisé que « tout candidat se présentant avec un dossier-projet non conforme obtient zéro pour cette partie de l'évaluation ».

b) Le dialogue argumenté

- ⋆ Durée minimale du dialogue argumenté : 12 minutes.
- ⋆ Notation relative : 12 points.

« La commission d'évaluation interroge le candidat sur différents aspects de son projet et sur son lien avec les compétences fixées par le programme, puis élargit ce questionnement aux autres compétences spécifiées dans le programme. Cette interrogation a notamment pour but de vérifier que le candidat s'est approprié les notions fondamentales, sait les utiliser dans un contexte particulier ou les relier aux autres enseignements scientifiques spécifiques de la série.»

c) La grille de compétences et capacités.

La notation est effectuée en remplissant une grille de compétences et capacités. Une reproduction des intitulés de la grille officielle est présenté ci-après. Les examinateurs s'attendent lors de la soutenance à pouvoir compléter cette grille. Il est donc important d'en tenir compte dans la conception de son dossier et de sa présentation, ainsi que dans la préparation des réponses aux questions « classiques ».

	Projet et soutenance		Dialogue argumenté	
Algorithme et programmation – 8 points –	~~C1.1~~ C1.2	1 point	C1.1 C1.2	2 points
	C2.1 C2.2 C2.3	2 points	~~C2.1~~ C2.2 C2.3	3 points
Collaboration – 3 points –	~~C3.1~~ ~~C3.2~~ C3.3	1 point	C3.1 ~~C3.2~~ C3.3	2 points
Communication – 4 points –	C4.1 C4.2 ~~C4.3~~	2 points	~~C4.1~~ C4.2 C4.3	2 points
Globalisation – 5 points – « Cette partie doit permettre une prise en compte des éléments saillants apparus lors de la présentation et du dialogue : culture, réactivité, questionnements éthiques, etc. »	2 points		3 points	
Total	8 points		12 points	

A titre indicatif, pour la globalisation (qui compte tout de même pour un quart de la note !) on pourra se référer à la compétence C5 :

Compétences	Capacités et exemples d'observables
C5 Faire un usage responsable des sciences du numérique en ayant conscience des problèmes sociétaux induits	**C5.1 Avoir conscience de l'impact du numérique dans la société** notamment de la persistance de l'information numérique, de la non-rivalité des biens immatériels, du caractère supranational des réseaux, de l'importance des licences et du droit.
	C5.2 Mesurer les limites et les conséquences de la persistance de l'information numérique, des lois régissant les échanges numériques, du caractère supranational des réseaux.

Compétences et capacités de la grille de notation

Compétences	Capacités et exemples d'observables
C1 Décrire et expliquer une situation, un système ou un programme	**C1.1 Justifier** dans une situation donnée, un codage numérique ou l'usage d'un format approprié, qu'un programme réalise l'action attendue...
	C1.2 Détailler le déroulement d'une communication numérique, le rôle des constituants d'un système numérique, le rôle des éléments constitutifs d'une page web, ce qu'effectue tout ou partie d'un programme ou de l'algorithme associé, l'enchaînement des événements qui réalisent la fonction attendue par un programme...
C2 Concevoir et réaliser une solution informatique en réponse à un problème	**C2.1 Analyser** un besoin dans un système d'information, le fonctionnement d'un algorithme...
	C2.2 Structurer une formule logique, des données, une arborescence, une page web, une approche fonctionnelle en réponse à un besoin...
	C2.3 Développer une interface logicielle ou une interface homme-machine, un algorithme, un programme, un document ou fichier numérique...
C3 Collaborer efficacement au sein d'une équipe dans le cadre d'un projet	**C3.1 Agir au sein d'une équipe** dans des rôles bien définis, en interaction avec le professeur.
	C3.2 Rechercher et partager une information, une documentation, une explication.
	C3.3 Maîtriser l'utilisation d'outils numériques collaboratif du type ENT, système de gestion de contenu (CMS), groupe de travail, forums...
C4 Communiquer à l'écrit et à l'oral	**C4.1 Documenter un projet numérique** pour en permettre la communication en cours de réalisation et à l'achèvement, tout en précisant le déroulement et la finalité du projet.
	C4.2 Présenter le cahier des charges relatif à un projet ou un mini-projet, la répartition des tâches au sein de l'équipe, les phases successives mises en ?uvre, le déroulement de l'ensemble des opérations...
	C4.3 Argumenter les choix relatifs à une solution (choix d'un format, d'un algorithme, d'une interface...

2 - Soutenance

a) Structure minimale possible pour la présentation

1. Présentation
   - ⋆ **Diapo 1 :** noms du projet et des l'élèves, et illustration.
     À l'oral : se présenter et présenter le projet (choix/motivations).
2. Cahier des charges
   - ⋆ **Diapo 2 :** le concept illustré (texte inutile).
     À l'oral : s'il s'agit de la programmation d'un jeu, en donner les règles. Pour un logiciel, expliquer les fonctionnalités...
   - ⋆ **Diapo 3 :** les contraintes (liste illustrée).
     À l'oral : expliciter les logiciels et langages de programmation utilisés. Expliquer sommairement les difficultés et/ou facilités liées à ces contraintes...
3. Collaboration
   - ⋆ **Diapo 4 :** structure du projet (un schéma et/ou des prototypes de fonctions).
     À l'oral : expliquer comment le projet a été découpé en sous-projets et l'articulation des différentes parties entre elles.
   - ⋆ **Diapo 5 :** partage des tâches (un tableau synthétique).
     À l'oral : sans relire la diapo, préciser plutôt votre environnement de travail numérique collaboratif. Préciser votre participation au projet.
4. Réalisation
   - ⋆ **Diapo 6 :** illustration.
     À l'oral : expliquer quelle réalisation vous souhaitez détailler et comment elle s'intègre au projet.
   - ⋆ **Diapo 7 :** un peu de code.
     À l'oral : entrer dans les détails techniques.
5. Conclusion
   - ⋆ **Diapo 8 :** illustrations et/ou mots clefs.
     À l'oral : dire ce qui a été positif, proposer des améliorations.
   - ⋆ **Diapo 9 :** nom ou illustration du projet et « merci ».
     À l'oral : dire que vous avez fini votre présentation.

Remarque : pour la gestion du temps (8 minutes) il est bon de numéroter chaque diapo, d'avoir un chronomètre et de s'entrainer « à blanc ».

b) Exemple concret

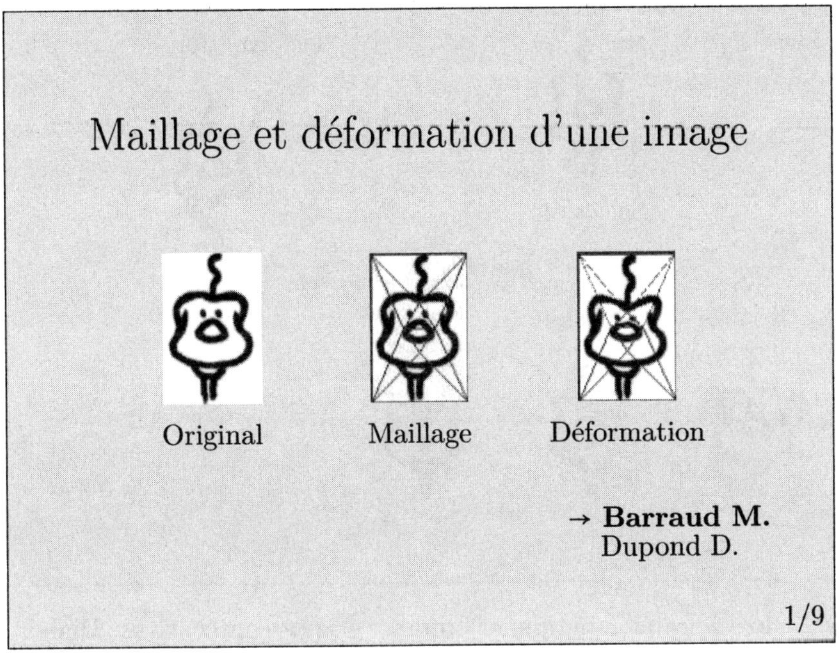

« Bonjour. Je suis M. Barraud.

Avec D. Dupond, nous avons programmé un logiciel de déformation d'une image. En fait, nous avions déjà étudié la déformation d'une image, à partir de 3 points de contrôle, cette année, lors d'un mini-projet. De manière générale, tout le travail sur l'image effectué cette année nous a beaucoup intéressé. Nous voulions donc poursuivre sur cette voie pour notre projet final.

Notre but ici était de programmer :

1. un maillage, interactif à la souris, de l'image, et
2. sa déformation en temps réel par déplacement d'un des points de contrôle.

On peut voir (*et on montre du doigt*) un maillage de l'image et ce qui se passe si on bouge « ce » point avec la souris... »

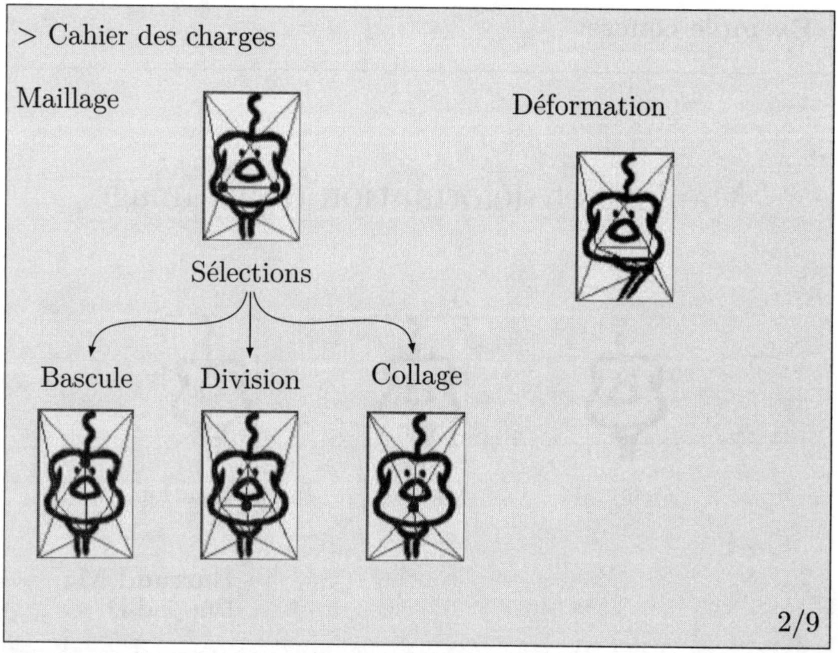

« Le logiciel doit fonctionner en deux étapes consécutives. D'abord en mode « maillage », il doit permettre de concevoir un maillage sur une image, c'est-à-dire la paver avec des triangles. L'utilisateur peut ensuite choisir de passer en mode « déformation ». Dans ce mode, on ne peut plus que déplacer les sommets des triangles et l'image doit se déformer pour que le contenu de chaque triangle reste dans ce triangle.

1. En mode « maillage », l'utilisateur doit pouvoir :
   - ⋆ sélectionner de 0 à 2 sommets par clique de la souris ;
   - ⋆ s'attacher un sommet par double clique pour le déplacer ;
   - ⋆ utiliser des boutons pour déclencher une bascule, une division ou un collage ; (*Affichages consécutifs des images explicatives.*)
   - ⋆ utiliser un bouton pour passer en mode déformation.
2. Le mode « déformation » doit permettre :
   - ⋆ l'attache d'un point par double clic pour le déplacer.
   - ⋆ la déformation de l'image pendant le déplacement.
   - ⋆ le lâcher du point par simple clic.
   - ⋆ l'utilisation d'un bouton pour quitter.

...»

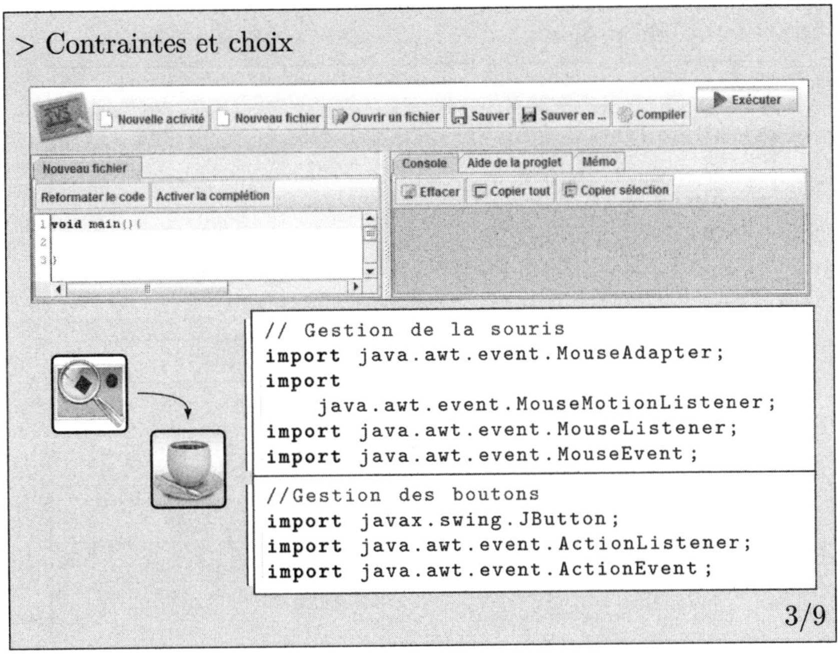

« Comme nous sommes partis de notre mini-projet, programmé avec Java's Cool dans la proglet « detectionForme », nous voulions continuer avec. Mais pour pouvoir utiliser la souris et créer des boutons, notre professeur nous a orienté vers la proglet « javaProg » et nous a expliqué comment faire.

Il a donc fallu d'abord transposer notre programme pour qu'il fonctionne avec « javaProg », puis mettre en place des « écouteurs » pour gérer les événement liés à la souris. Une fois tout ça mis en place, on s'est partagé les tâches restantes... »

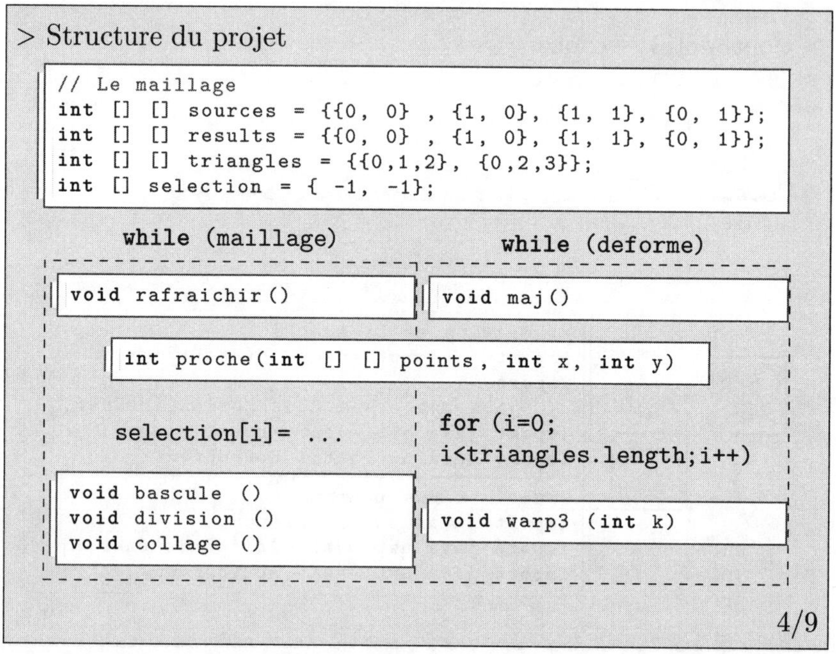

« Ces « tâches » correspondent en partie aux différents éléments de la structure du projet. Précisons d'abord quelques variables globales, en particulier celles permettant de définir le maillage de l'image.

⋆ Chaque point du maillage est défini par ses coordonnées sous la forme d'un tableau de deux entiers. La liste des points d'un maillage est alors un tableau de ces données, donc un tableau double d'entiers : `int [] []`.

⋆ Chaque triangle de ce maillage est défini par les trois indices de ces tableaux de points constituant la maille. La liste des triangles constituant le maillage est donc aussi un tableau double d'entiers.

⋆ Le tableau `selection` sert à déterminer quels points sont actuellement sélectionnés par l'utilisateur : `-1` signifie « aucun ».

Le projet se sépare en deux parties délimitées par deux boucles testant le booléen `maillage` ou `deforme`.

Les deux parties utilisent la fonction `proche()` qui permet de définir les points sélectionnés ; la première partie sert à la définition du maillage (bascule, division et collage) ; la seconde permet la déformation en appelant la fonction `warp3()` pour chaque triangle du maillage...»

> Répartition des tâches

En commun

De detectionForme à javaProg. (La déformation d'une image déjà maillée et la fonction `division()`.)

D. Dupond

Les fonctions `bascules()` et `Collage()`.

Toute la partie « déformation ».

Ma partie

Le dessin du maillage.

La sélection des points du maillage.

E.N.T.

5/9

« Dans un premier temps, nous avons travaillé ensemble, avec D., pour que les parties que nous voulions réutiliser de notre mini-projet fonctionnent avec notre nouvel environnement. Pendant cette période, nous avons travaillé à distance avec ... qui offre les possibilités ... (*Entrer un peu dans les détails*).

Ensuite, je me suis concentré sur la partie « interactivité » : faire en sorte que l'utilisateur puisse sélectionner un point du maillage à la souris. Pour cela, je voulais que le point apparaisse sous la forme d'un petit cercle quand la souris s'approcherait, qu'il soit sélectionné au clic et qu'il s'attache au curseur pour un double-clic.

De plus, il fallait pouvoir sélectionner jusqu'à deux points à la fois sur une même maille et afficher le segment correspondant à ces deux points auquel on pourrait appliquer les actions prévues pour former le maillage.

Enfin, il fallait un visuel du maillage pour pouvoir suivre les opérations.

Durant cette deuxième phase, notre E.N.T. ne nous servait pratiquement qu'à archiver notre progression. Il nous a surtout été utile dans la dernière phase de notre travail pour finaliser notre projet et partager nos ressources en vue de cette présentation...»

> Une de mes réalisations

< *Une capture vidéo* >

< *Ou le logiciel en fonctionnement* >

6/9

« L'algorithme que je vais vous présenter consiste en la sélection des points de contrôle.

* Si aucun point n'est sélectionné, alors un clic proche d'un point le sélectionne.
* Si un seul point est déjà sélectionné, alors un clic proche d'un autre point le sélectionne en plus du premier s'il complète un segment ou à sa place sinon. Mais un clic sur un point déjà sélectionné le désélectionne.
* Si deux points sont sélectionnés, alors un clic proche d'un point le sélectionne seul à la place des deux autres.

Je vais vous présenter une partie de la programmation...»

> Une de mes réalisations : détail de **rafraichir()** (ligne 177)

```
// Sélection d'un bord
if (click&&min>=0) { click=false;      int cas = 0;
  if (selection[0]!=-1&&selection[1]==-1) cas = 1;
  if (selection[0]!=-1&&selection[1]!=-1) cas = 2;
  if (cas==0) selection[0]=min;
  if (cas==1) {
    if (selection[0]==min) {selection[0]=-1;}
    else { boolean test = false;  int i = 0;
      while (!test&&i<triangles.length) {
        test = (triangles[i][0]==selection[0]
          ||triangles[i][1]==selection[0]
          ||triangles[i][2]==selection[0])
         &&(triangles[i][0]==min
          ||triangles[i][1]==min
          ||triangles[i][2]==min);
        i++;
      }
      if (test) {
        selection[1]=min;
        segment(Color.BLUE);
      } else selection[0]=min;
```

7/9

Remarque : il y a une difficulté pour cette diapositive. Il ne faut pas que le code proposé soit trop long car il peut devenir illisible à la projection. Il faut en cibler une partie. Le code complet doit être donné en annexe du dossier avec des lignes numérotés en identifiant les parties de chaque élève. Les examinateurs s'ils le souhaitent pourront poser des questions sur ces autres parties.

« La variable `click` indique si l'utilisateur a fait un clic de souris depuis le dernier appel à la fonction ; la variable `min` donne l'indice du point le plus proche de la souris. La première condition teste donc si l'utilisateur vient de cliquer sur un point du maillage.

La variable `cas` est affecté du nombre de points déjà sélectionnés. Selon ce nombre, les actions sont les suivantes :

* `cas == 0` : le point `min` est sélectionné.
* `cas == 1` : si le point `min` est déjà sélectionné, il est dé-sélectionné. Sinon, soit il complète un segment existant : il est sélectionné et le segment affiché, soit il remplace la première sélection.
* `cas == 2` : non affiché. Le point `min` est substitué aux sélections précédentes.

Mes premiers essais n'utilisaient pas la variable intermédiaire `cas` en faisant directement les tests sur les points sélectionnés. Mais comme ces sélections changent dans chaque hypothèse, cela ne marchait pas. ...»

> Conclusion

- ⋆ L'apport d'un travail en groupe/projet
- ⋆ Une meilleure compréhension du fonctionnement d'un logiciel/ordinateur
- ⋆ Des améliorations possibles

8/9

Remarque : cette diapositive et ce qu'il y a à dire est sans doute la partie la plus personnelle et subjective de la présentation. Il est donc difficile ici de proposer autre chose que des généralités. Il ne faut pas hésiter à donner votre ressenti mais en essayant toujours d'être positif. Ce qu'il faut absolument proscrire : rejeter la faute, ou émettre un jugement négatif sur un autre (enseignant ou partenaire de projet) si quelque chose s'est mal passé. On peut soulever les difficultés rencontrées, mais surtout expliquer comment on les a surmontées, ou essayé de le faire.

« J'ai beaucoup apprécié le travail sous forme de projet et le fait que le partage des tâches nous ait permis d'avancer assez vite pour pouvoir aboutir. Le cahier des charges est rempli et le logiciel est fonctionnel.

J'ai amélioré ma compréhension de certains principes techniques. Par exemple, lors de la recherche de « bugs » je me suis vite rendu compte qu'en bougeant trop vite la souris, le point de contrôle qui y était attaché se perdait. Cela vient du fait que la souris ne se déplace pas « continument » mais par saut. Je crois que je tiendrais plus compte, maintenant, du fait que le fonctionnement d'un ordinateur n'est pas continu.

Comme amélioration, j'essaierais de créer des maillages types, car il est long pour une image complexe de repartir à chaque fois de quatre points. Pour la même raison, je me demande s'il ne serait pas possible de programmer un maillage « intelligent » qui se ferait automatiquement sur une image...»

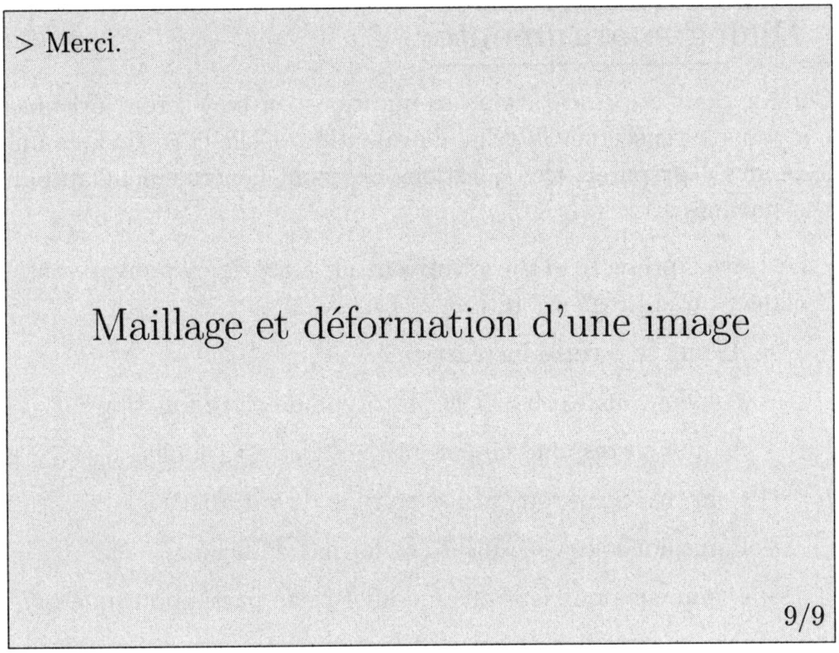

« Merci de m'avoir écouté. J'attends vos questions...»
Remarques :

- ⋆ Il est recommandé de prévoir une démonstration ainsi qu'une vidéo de présentation du projet fini, qui peut être placé dans la présentation.
- ⋆ Les diapositives peuvent être réalisées avec un logiciel spécialisé ou à l'aide de pages html, mais il est recommandé de prévoir une version pdf de secours.
- ⋆ Pour parer à tout problème technique, il est également recommandé d'avoir plusieurs sauvegardes sur différents supports (dans un mail / sur un site perso / sur le réseau du lycée / sur votre espace de partage à distance / sur une clé U.S.B / sur l'ordinateur de présentation / rendu à votre enseignant et/ou administration...)

De manière à faciliter le dialogue argumenté, le dossier reprend ces éléments à l'écrit et fournit le code complet avec les lignes numérotées et des indications de « qui a fait quoi ? ». Ce même code avec les mêmes numéros de lignes devra également pouvoir être vidéo-projeté.

3 - Dialogue argumenté

Comme pour la présentation, les questions du jury seront orientées de sorte à pouvoir renseigner la grille d'évaluation. Celle-ci reste donc un bon guide pour s'y préparer. Ces questions tournent généralement autour des thèmes suivants :

⋆ Le travail présenté est-il effectivement compris et pouvez-vous l'expliquer ou le justifier ? (C1 ; C2 ; C4)

- A quoi sert cette instruction ?
- Pouvez-vous expliquer le prototype de cette fonction ?
- A quoi correspond ce paramètre ? Cette variable ?
- Pourquoi avez-vous utilisé ce type de variable ?
- Pourquoi avez-vous utilisé ce format de fichier ?
- Comment pourriez-vous modifier cette partie pour que ... ?
- Que se passerait-t-il si .... ?
- Êtes-vous sûr que cela fonctionne dans « tous » les cas ?

⋆ Comment s'est réellement passé le travail en groupe ? (C3)

- Pouvez-vous nous montrer votre environnement de travail numérique ?
- Comment avez-vous travaillé à distance sur les mêmes fichiers ?
- Comment la fonction que vous avez écrite s'intègre-t-elle dans le travail des autres ?

⋆ Questions supplémentaires sur des thèmes au programme. (C5)

- Aviez-vous le « droit » d'utiliser cette image ?
- Sous quelle licence pourriez-vous diffuser votre production ?
- Quelles parties (matériel) de l'ordinateur stocke le contenu de vos variables ; stocke vos images ; effectue les calculs de votre algorithme ; permet une connexion à distance ... ?
- Sous quelle forme numérique vos données sont-elles stockées ?

N'oubliez pas de commenter, par écrit, votre travail, vos algorithmes (à quoi correspondent les variables et chaque fonction en particulier). Cela est valorisé sans soulever de question (C4) et vous aidera à être réactif à l'oral. Soyez précis et concis.

- Code de l'exemple

Le code de ce projet est disponible avec le code PROJET . Il a été fait dans l'esprit des contraintes de l'examen, en particulier avec une limite de temps. Il est donc loin de l'« exemple à suivre », mais plus proche d'une « piste de travail ». Un soin particulier a tout de même été apporté sur les commentaires du code, pour qu'ils soient représentatifs des attendus.

Certains projets d'élèves sont bien plus courts et c'est normal. L'important est de maîtriser tout ce qui a été fait. On peut y intégrer des algorithmes ou des solutions trouvés sur internet ou fournis par un enseignant ou toute autre aide extérieure. Dans ce cas, il faut le préciser honnêtement et, au minimum, comprendre clairement leurs intégrations au projet.

L'objectif de la dernière partie de ce livre est, justement, de fournir un certain nombre de solutions aux problèmes les plus souvent rencontrés dans l'élaboration de projets en classe.

Projet final (V)

Le coin du copier/coller

L'avantage des proglets de Java's Cool est de simplifier la programmation de différents algorithmes. (On les a surtout utilisés pour les images.) L'inconvénient vient des restrictions qu'elles induisent. Pour programmer un logiciel ou un jeu réellement interactif, utilisant la souris, et permettant des affichages multiples, l'utilisation de la proglet javaProg semble incontournable.

Vous trouverez donc ci-dessous des réponses, sous forme de morceaux de programmes directement utilisables, aux problèmes les plus souvent rencontrés dans l'élaboration de projets en classe. Ces solutions consistent en général à importer et utiliser la bonne classe de java.

On rappelle que le panneau de javaProg est de type `JLayeredPane`. Pour l'utiliser, on commencera donc notre programme (avant le main) par importer la *classe* de même nom du *package* `swing` de *javax* (« *x* » comme e*x*tention) :

```
// Pour accéder au panneau de la proglet
import javax.swing.JLayeredPane;

void main() {
   // Référence du panneau de la proglet
   JLayeredPane panneau = getPane();
   // Vide le panneau
   panneau.removeAll();
}
```

1 - Images et textes

Pour afficher une image et/ou un texte sur le panneau de javaProg, on utilise une *etiquette* de la classe `JLabel`.

Afficher du texte

```
// Le panneau
import javax.swing.JLayeredPane ;
// Les étiquettes
import javax.swing.JLabel;

void main() {
   JLayeredPane panneau = getPane();
   panneau.removeAll();
   JLabel imageJL = showText("Mon texte",0,0,0);
}
```

La fonction `showText()` est définie par javaProg comme suit :

`JLabel showText(String texte, int x, int y, int c)`

`texte` est le texte à afficher aux coordonnées (`x ; y`) et sur la couche `c`.

Afficher une image

```
import javax.swing.JLayeredPane;
import javax.swing.JLabel;

void main() {
    JLayeredPane panneau = getPane();
    panneau.removeAll();
    JLabel imageJL = showIcon("chemin/image.png",0,0,0);
}
```

La fonction `showIcon()` est définie par javaProg comme suit :
`JLabel showIcon(String emplacement, int x, int y, int c)`
`emplacement` spécifie l'image à charger, (`x ; y`) les coordonnées `c` la couche de l'étiquette.

Modifier l'étiquette

On peut utiliser les méthodes suivantes :

⋆ `String getText()`
  Renvoie le texte (type `String`) affiché par l'étiquette.

⋆ `void repaint()`
  Redessine l'étiquette sur le panneau.

⋆ `void setIcon(Icon icon)`
  Définit l'image (de type `icon` donc `ImageIcon` qui en est une extension) que l'étiquette affichera.

⋆ `void setLocation(int x, int y)`
  Repositionne l'étiquette aux coordonnées spécifiées.

⋆ `void setSize(int large, int haut)`
  Redimensionne l'étiquette aux dimensions spécifiées.

⋆ `void setSize(Dimension dim)`
  Redimensionne l'étiquette aux dimensions `dim.width` et `dim.height`.

⋆ `void setText(String text)`
  Définit pour l'étiquette une unique ligne de texte à afficher.

Exemple :

```
import javax.swing.JLayeredPane;
import javax.swing.JLabel;

void main() {
  JLayeredPane panneau = getPane();
  panneau.removeAll();
  JLabel etiquette = showIcon("images/tete.png",0,0,0);
  etiquette.setText("Bonjour à tous !");
  etiquette.setSize(etiquette.getPreferredSize());
  etiquette.setLocation(panneau.getWidth()/2,
                        panneau.getHeight()/2);
  etiquette.repaint();
}
```

Modifier les pixels d'une image

On peut difficilement modifier une image chargée sur un `JLabel` par la fonction `showIcon()`. On va plutôt la charger à part dans une instance de la classe `BufferedImage` (de awt = « Abstract Window Toolkit » dont `swing` est une extension).

```
import javax.swing.JLayeredPane ;
import javax.swing.JLabel;
import javax.swing.ImageIcon;
// Images modifiables
import java.awt.image.BufferedImage;
// Pour la méthode de chargement d'images
import org.javascool.tools.image.ImageUtils;

void main() {
  JLayeredPane panneau = getPane();
  panneau.removeAll();
  BufferedImage imageBI = ImageUtils.loadImage("images/tete.png");
  JLabel etiquette = showText("",0,0,0);
  etiquette.setIcon(new ImageIcon(imageBI));
  etiquette.setSize(etiquette.getPreferredSize());
  for (int i=0;i<imageBI.getWidth();i++)
    imageBI.setRGB(i,imageBI.getHeight()-1,0xFFFF0000);
  etiquette.repaint();
}
```

Quelques méthodes pour la `BufferedImage` :

⋆ **`int getHeight()`** et **`int getWidth()`**
Renvoie la hauteur et la largeur de la `BufferedImage`.

⋆ **`int getRGB(int x, int y)`**
Renvoie la couleur du pixel sur un `int`.

⋆ **`void setRGB(int x, int y, int rgb)`**
Définit la couleur `rgb` du pixel en (x,y) de la `BufferedImage`.

On peut charger une image à l'aide de la méthode `loadImage()` :

⋆ `BufferedImage loadImage(String location)`
en oubliant pas d'importer la classe `ImageUtils` de Java's Cool.

On peut sinon définir une nouvelle image par :

```
imageBI = new BufferedImage(l, h, BufferedImage.TYPE_INT_ARGB);
```

(l : la largeur de l'image ; h : sa hauteur)

Dessiner sur une image

Pour pouvoir utiliser les outils de la géométrie 2D (tracer une droite, colorier un triangle...), on utilise une instance de la classe `Graphics2D` définie à partir de notre `BufferedImage`.

```
import javax.swing.JLayeredPane ;
import javax.swing.JLabel;
import javax.swing.ImageIcon;
import java.awt.image.BufferedImage;
import org.javascool.tools.image.ImageUtils;
// Pour utiliser la géométrie 2D sur une image
import java.awt.Graphics2D;
// Pour définir/utiliser des couleurs
import java.awt.Color;
void main() {
  JLayeredPane panneau = getPane();
  panneau.removeAll();
  BufferedImage imageBI = ImageUtils.loadImage("images/tete.png");
  JLabel etiquette = showText("",0,0,0);
  etiquette.setIcon(new ImageIcon(imageBI));
  etiquette.setSize(etiquette.getPreferredSize());
  // Définition de l'environnement géométrique
  Graphics2D image2D=imageBI.createGraphics();
  // Définition d'une couleur (RVB)
  Color maCouleur = new Color(100,150,200);
  // Choix de la couleur pour dessiner
  image2D.setPaint(maCouleur);
  // Dessin d'un rectangle entourant l'image
  image2D.drawRect(0,0,
                   imageBI.getWidth()-1,imageBI.getHeight()-1);
  // Termine l'environnement graphique (libère de la mémoire)
  image2D.finalize();
  etiquette.repaint();
}
```

Quelques méthodes de la classe `Graphics2D` :

⋆ **`void drawLine(int x1, int y1, int x2, int y2)`**
Dessine le segment $[M_1M_2]$ avec M_1(`x1 ; y1`) et M_2(`x2 ; y2`).

⋆ **`void drawPolygon(int[] xPoints, int[] yPoints, int nPoints)`**
Dessine le polygone défini par ses sommets.

`xPoints` est le tableau des abscisses des sommets.

`yPoints` est le tableau des ordonnées des sommets.

`nPoints` est le nombre de sommets.

⋆ **`void drawRect(int x1, int y1, int x2, int y2)`**

Dessine le rectangle dont les côtés sont sur les droites d'équations x = `x1`, x = `x2`, y = `y1`, et y = `y2`.

⋆ **`void fillPolygon(int[] xPoints, int[] yPoints, int nPoints)`**

Colorie l'intérieur du polygone défini par ses sommets.

⋆ **`void setPaint(Color couleur)`**

définit la couleur à utiliser pour les dessins.

On peut utiliser les constantes `Color.BLACK`, `Color.WHITE`, `Color.RED`, `Color.GREEN` etc. ou définir ses propres couleurs comme dans l'exemple.

⋆ Dessiner un `sprite` (type `BufferedImage`) aux coordonnées `x` et `y` peut se faire avec la commande :

```
graphique.drawImage(sprite,x,y,null);
```

Rendre transparente (effacer) une partie d'une image

On peut passer en mode gomme sur une instance de `Graphics2D` :

```
g2d.setComposite(
  AlphaComposite.getInstance(AlphaComposite.CLEAR));
```

Pour repasser en mode dessin :

```
g2d.setComposite(
  AlphaComposite.getInstance(AlphaComposite.SRC_OVER));
```

2 - Souris

Pour pouvoir avoir une interaction à la souris, il faut que le logiciel soit à l'*écoute* des évènements générés par ce périphérique et relayés par le système d'exploitation. On utilise des classes de la bibliothèque `java.awt.event` : au minimum `MouseEvent` pour lire l'évènement et `MouseAdapter` pour construire les écouteurs.

L'idée est de créer un écouteur que l'on ajoute au panneau. Attention : cet écouteur reste sur le panneau de javaProg, tant que Java's Cool n'est pas fermé, à moins de l'enlever spécifiquement avant la fin de l'exécution du programme. (La `removeAll()` ne suffit pas). Lors des tests de votre travail, si le programme devait s'arrêter brutalement avant d'avoir retiré un écouteur, il deviendra vite indispensable de fermer et relancer Java's Cool.

Comment réagir au clic de la souris ?

On crée un `MouseListener` :

```
MouseListener ml = new MouseAdapter() {
  public void mouseClicked(MouseEvent e) {
  // Exécuté quand un bouton de la souris a été
  // cliqué (appuyé et relaché) au-dessus du panneau
  }
  public void mouseEntered(MouseEvent e) {
  // Exécuté quand la souris entre sur le panneau.
  }
  public void mouseExited(MouseEvent e) {
  // Exécuté quand la souris sort du panneau.
  }
  public void mousePressed(MouseEvent e) {
  // Exécuté quand un bouton de la souris a été appuyé
  // au-dessus du panneau.
  }
  public void mouseReleased(MouseEvent e) {
  // Exécuté quand un bouton de la souris a été relâché
  // au-dessus du panneau.
  }
};
```

Selon le modèle ci-dessus, on peut compléter une ou plusieurs des fonctions prédéfinies (`mouseClicked()`, `mouseEntered()`, `mouseExited()`, ...) et ignorer les autres.

```
import javax.swing.JLayeredPane ;
import java.awt.event.MouseEvent;
import java.awt.event.MouseAdapter;
import java.awt.event.MouseListener;

boolean clic = false;

void main() {
  JLayeredPane panneau = getPane();
  // définition de l'écouteur
  MouseListener ml = new MouseAdapter() {
    public void mouseClicked(MouseEvent e) {
      clic = true;
    }
  };
  // Ajout de l'écouteur
  panneau.addMouseListener(ml);
  // Reste du programme (en parallèle)
  while (!clic) { sleep(20); }
  // Retrait de l'écouteur
  panneau.removeMouseListener(ml);
}
```

Chacune des fonctions définissant l'écouteur a pour paramètre une évènement de type `MouseEvent`.

On obtient des informations sur cet évènement à l'aide par exemple des méthodes suivantes :

⋆ `getButton()`
  renvoie, s'il a eu changement, le bouton (`int`) qui a changé d'état.

⋆ `getX()` et `getY()`
  renvoient la position horizontale (`int`) et verticale (`int`) de l'évènement par rapport au panneau.

Comment détecter la position de la souris ?

On crée un `MouseMotionListener` :

```
MouseMotionListener mml = new MouseMotionAdapter() {
  public void mouseMoved(MouseEvent e) {
    // Exécuté quand la souris a été déplacé au dessus
    // du panneau sans qu'un bouton n'ait été appuyé
  }
  public void mouseDragged(MouseEvent e) {
    // Exécuté quand un bouton a été appuyé au dessus
    // du panneau puis que la souris a été déplacée
  }
};
```

Par exemple, si votre programme à besoin de connaître « en permanence » la position de la souris, on pourra écrire :

```
import javax.swing.JLayeredPane ;
import java.awt.event.MouseEvent;
import java.awt.event.MouseMotionAdapter;
import java.awt.event.MouseMotionListener;

int x=0, y=0;

void main() {
  JLayeredPane panneau = getPane();
  // définition de l'écouteur
  MouseMotionListener mml = new MouseMotionAdapter() {
    public void mouseMoved(MouseEvent e) {
      x = e.getX(); y = e.getY();
    }
  };
  // Ajout de l'écouteur
  panneau.addMouseMotionListener(mml);
  // Reste du programme (en parallèle)
  while (x<100) { sleep(20); }
  // Retrait de l'écouteur
  panneau.removeMouseMotionListener(mml);
}
```

Remarque : comme les écouteurs « fonctionnent » indépendamment du reste du programme, ils ne peuvent pas modifier des variables locales. C'est pourquoi, dans l'exemple, `x` et `y` ont été déclarées de manière globale.

3 - Clavier

La façon de faire est la même que pour la souris. On remplace essentiellement `mouse` par `key`.

On crée un `KeyListener` :

```
KeyListener kl = new KeyAdapter() {
  public void keyTyped(KeyEvent e) {
    // Exécuté quand une touche a été tapée,
    // c'est-à-dire appuyée puis relâchée.
  }
  public void keyPressed(KeyEvent e) {
    // Exécuté quand une touche a été appuyée
  }
  public void keyReleased(KeyEvent e) {
    // Exécuté quand une touche a été relâchée
  }
};
```

Cet écouteur ne fonctionne que si le panneau auquel il est attaché est « concentré », (*focus* en anglais). On peut décider cette concentration avec la méthode `requestFocus()` de la classe `JLayeredPane`.

```
import javax.swing.JLayeredPane;
import javax.swing.JLabel;
import java.awt.event.KeyEvent;
import java.awt.event.KeyAdapter;
import java.awt.event.KeyListener;

String touche = "************************";

void main() {
  JLayeredPane panneau = getPane();
  panneau.removeAll();
  // Force le focus du panneau
  panneau.requestFocus();
  KeyListener kl = new KeyAdapter() {
    public void keyPressed(KeyEvent e) {
      touche = KeyEvent.getKeyText(e.getKeyCode());
    }
  };
  panneau.addKeyListener(kl);
  JLabel etiquette = showText(touche,0,0,0);
  while (!touche.equals("E")) {
    etiquette.setText(touche);
    sleep(20);
  }
  panneau.removeKeyListener(kl);
}
```

Des méthodes pour interpréter le `KeyEvent` :

* `e.getKeyChar()`

  renvoie le caractère (`char`) associé.

⋆ `e.getKeyCode()`
  renvoie le « keyCode » (**`int`**) associé.

⋆ `KeyEvent.getKeyText(e.getKeyCode)`
  renvoie un texte (`String`) décrivant la touche appuyée, comme par exemple "Supprimer", "F7" ou "A".

4 - Boutons

On crée un `JButton` comme on le ferait avec une `JLabel`, mais sans l'assistance des fonctions de Java's Cool. La différence est dans le rendu (en forme de bouton) et l'interactivité : « cliquable ». Pour associer une action au clic du bouton on utilise, comme pour le clavier ou la souris, un écouteur.

On crée donc un `ActionListener` ... :

```
import javax.swing.JLayeredPane ;
//Gestion des boutons
import javax.swing.JButton;
import java.awt.event.ActionListener;
import java.awt.event.ActionEvent;

boolean exit = false;

// Définition du bouton
JButton exitJB = new JButton("Exit");
// et de son action
ActionListener exitAL = new ActionListener() {
  public void actionPerformed(ActionEvent event) {
    exit=true;
  }
};

void main() {
  JLayeredPane panneau = getPane();
  panneau.removeAll();
  // On associe l'action au bouton
  exitJB.addActionListener(exitAL);
  // et on le met en place sur le panneau (comme un JLabel)
  exitJB.setLocation(0, 0);
  exitJB.setSize(100, 50);
  panneau.add(exitJB);
  // Reste du programme
  while (!exit) { sleep(20); }
}
```

Quatrième partie

Index

Index

Index - Proglets et fonctions Java's Cool

Index - bibliothèques, classes et méthodes

Aubin
IMPRIMEUR

Achevé d'imprimer en mai 2018
N° d'impression 1804.0313
Dépôt légal, mai 2018
Imprimé en France